# MARCO POLO

# ITALIENISCH

**Reisen mit Insider Tipps**

■ Amtssprache Italienisch

> Worte verbinden, Worte erschließen neue
Welten, Worte lassen Sie einfach mehr erleben.

Und damit Sie auch immer die richtigen finden,
haben wir Ihnen die wichtigsten für Ihren
Ausflug in eine fremde Kultur und Sprache
zusammengestellt.

Und sollten Sie einmal sprachlos sein, dann
helfen Ihnen unsere Zeigebilder unkompliziert
weiter.

Wir wünschen Ihnen viel Spaß auf Ihrer Reise!

W0193660

**www.marcopolo.de/italien...**

# ITALIENISCH

**sci**

lasciare (lassen)

vor „a, o, u":
wie deutsches „sch"

## > EINFACHE AUSSPRACHE

Keine Scheu einfach loszulegen:
Die korrekte Aussprache lernen Sie schnell.
Zu Beginn des Sprach-führers erläutern wir Ihnen kurz und knackig, was Sie beachten soll-ten. Erfolg ist damit garantiert!

## > ZEIGEBILDER

Bilder machen die Verständi-gung noch leichter. Ob beim Shoppen, im Restaurant, im Hotel oder bei Fragen zum Auto: unsere Zeigebilder helfen in jedem Fall schnell weiter.

## > SCHNELL NACH-GESCHLAGEN

**VON A–Z**
Die wichtigsten Themen alphabetisch sortiert:
Vom Arztbesuch bis zum Telefongespräch.

**WÖRTERBUCH**
Hier finden Sie die 1333 wichtigsten Begriffe. Einfach praktisch!

# INHALT

## > SPEISEKARTE

Mit Spaß bestellen und mit Genuss essen – denn für Sie ist die Speisekarte in Landessprache ab jetzt kein Buch mit sieben Siegeln mehr.

## > VOLLES PROGRAMM

Kultur oder Action, Sprach- oder Kochkurs, Tauchen oder Theaterabend: Formulierungen die dafür sorgen, dass Ihr Urlaub noch spannender wird.

## > WIE DIE EINHEIMISCHEN

**Insider Tipps** Damit Sie als echter Insider gelten, nicht als Tourist.

**BLOSS NICHT!**
Hilft, Fettnäpfchen zu vermeiden.

**ACHTUNG! SLANG**
Einheimische noch besser verstehen!

Farben, Muster, Materialien helfen Ihnen beim Einkaufen. Weitere Helfer für (fast) jede Gelegenheit finden Sie in diesem Sprachführer.

# AUSSPRACHE

Im Allgemeinen wird das Italienische so ausgesprochen wie es geschrieben wird. Die Betonung liegt bei den meisten mehrsilbigen Wörtern auf der vorletzten Silbe: ristorante, venire. Abweichungen werden hier durch einen Punkt unter dem betonten Vokal angegeben (piccolo, giovane).

## Besonderheiten

| | | |
|---|---|---|
| c, cc | wie deutsches „tsch": vor den Vokalen „e, i" | accento |
| | sonst wie deutsches „k" (ohne Hauch): | classe |
| ch, cch | wie deutsches „k" (ohne Hauch) | che, pacchi |
| ci, cci | wie deutsches „tsch": vor „a, o, u" | ciao! |
| g, gg | wie deutsches „g": vor Konsonant und„a, o, u" | grande |
| | wie in „Dschungel" (weicher): vor „e, i" | gente, oggi |
| gl | ungefähr wie in „Familie" | figlio |
| gn | wie in „Kognak" | bagno |
| sc | wie in „Skala": vor Konsonanten und " | scrivere |
| | vor „a, o, u | scusi |
| | wie deutsches „sch": vor „e, i" | pesce, uscita |
| sch | wie in „Skala" | Ischia |
| sci | wie deutsches „sch": vor „a, o, u" | lasciare |
| v | wie deutsches „w" | vespa |

## MÄNNLICH ODER WEIBLICH?

Im Italienischen kein Problem: denn im Normalfall enden die weiblichen Hauptwörter auf -a (z. B. la casa: das Haus), die männlichen auf -o (il bagnino: der Bademeister). Nur bei Abweichungen von dieser Regel (mano f Hand) und bei anderen Endungen (canzone f Lied) wird das Geschlecht der Substantive angegeben.

## ABKÜRZUNGEN

| | | |
|---|---|---|
| adj | Adjektiv | aggettivo |
| adv | Adverb | avverbio |
| etw | etwas | qualcosa |
| f | Femininum, weiblich | femminile |
| jdm | jemandem | a qualcuno |
| jdn | jemanden | qualcuno |
| m | Maskulinum, männlich | maschile |
| pl | Plural | plurale |
| qc | etwas | qualcosa |
| qlc | jemand/en | qualcuno |

## > EXTRABETT IN STRANDNÄHE

Ob Sie ein Traumhotel am Meer suchen oder ein Zusatzbett im Zimmer brauchen: Formulieren Sie Ihre Urlaubswünsche per E-Mail, Fax oder am Telefon – und gehen Sie entspannt auf Reisen.

# BUCHUNG PER E-MAIL

**HOTEL** | ALBERGO

Sehr geehrte Damen und Herren,
am 24. und 25. Juni benötige ich für zwei Nächte ein Einzel-/ Doppel-/Zweibettzimmer. Bitte teilen Sie mir mit, ob Sie ein Zimmer frei haben und was es pro Nacht (einschließlich Abendessen) kostet.
Mit freundlichen Grüßen

# REISE PLANUNG

Vorrei prenotare una camera singola/matrimoniale/doppia per due notti dal 24 al 26 giugno. Vi prego di informarmi sulle Vs. disponibilità e sulle tariffe per il pernottamento e la mezza pensione.
Distinti saluti.

## ■ MIETWAGEN | MACCHINA A NOLEGGIO ■

**Sehr geehrte Damen und Herren,**
für den Zeitraum vom 20.–25. Juli möchte ich ab Flughafen Florenz einen Kleinwagen / Mittelklassewagen / eine 7-sitzige Großraumlimousine mieten. Ich möchte den Wagen in

Linate/Mailand abgeben, da ich von dort abfliege. Bitte teilen Sie mir Ihre Tarife mit und welche Unterlagen ich benötige.
Mit freundlichen Grüßen

Vorrei noleggiare un'automobile di piccola (un'utilitaria)/media/un minibus a 7 posti dal 20 al 25 luglio all'aeroporto di Firenze e restituirla all'aeroporto di Linate/Milano dal quale ripartirò. Vi prego di mandarmi informazioni sulle tariffe e sui documenti necessari.
Distinti saluti.

# Fragen zur Unterkunft

| | |
|---|---|
| Ich habe vor, meinen Urlaub in ... zu verbringen. | Ho intenzione di passare le vacanze a ... |
| Könnten Sie mir bitte Informationen über Unterkünfte in der Gegend geben? | Potrebbe darmi informazioni sulle possibilità di alloggio nei dintorni? |
| Ist es zentral/ruhig/ in Strandnähe gelegen? | Si trova in centro / in una posizione tranquilla / vicino al mare? |
| Wie viel kostet das pro Woche? | Quanto costa alla settimana? |
| Hat diese Unterkunft eine Internet- oder E-Mail-Adresse? | Questo alloggio ha un sito internet o un indirizzo e-mail? |

| | |
|---|---|
| Hotel | albergo |
| Pension | pensione |
| Zimmer | sistemazione in famiglia |
| Ferienwohnung | appartamento (per le vacanze) |

## ◼ HOTEL – PENSION – ZIMMER | ALBERGO – PENSIONE – CAMERA ◼

 ❯ Übernachtung: Seite 68 ff.

| | |
|---|---|
| Ich suche ein Hotel, jedoch nicht zu teuer – etwas in der mittleren Preislage. | Cerco un albergo, ma non troppo caro, a prezzo moderato. |
| Ich suche ein Hotel mit ... | Cerco un albergo con ... |
| Wellnessbereich. | area benessere. |
| Swimmingpool. | piscina. |
| Golfplatz. | campo da golf. |

| | |
|---|---|
| Tennisplätzen. | campi da tennis. |
| **Können Sie mir ein schönes Zimmer mit Frühstück empfehlen?** | Mi può indicare una bella camera con colazione? |
| **Sind dort Hunde erlaubt?** | Sono ammessi i cani lì? |
| **Ist es möglich, ein weiteres Bett in einem der Zimmer aufzustellen?** | Potrebbe aggiungere un altro letto in una delle camere? |

## FERIENHÄUSER/FERIENWOHNUNGEN
## CASE/APPARTAMENTI PER VACANZE

 Übernachtung: Seite 74 f.

| | |
|---|---|
| **Ich suche eine Ferienwohnung oder einen Bungalow.** | Cerco un appartamento o un bungalow per le vacanze. |
| **Für wie viele Leute?** | Per quante persone? |
| **Gibt es ...?** | C'è ...? |
| eine Küche | la cucina |
| eine Spülmaschine | la lavastoviglie |
| einen Kühlschrank | un frigorifero |
| eine Waschmaschine | la lavatrice |
| einen Fernseher | la televisione |
| ein Telefon | il telefono |
| ein Kinderbett | un lettino |
| **Sind die Stromkosten im Preis eingeschlossen?** | La corrente è inclusa? |
| **Werden Bettwäsche und Handtücher gestellt?** | Ci sono la biancheria e gli asciugamani? |
| **Wie viel muss ich anzahlen und wann ist die Anzahlung fällig?** | Quant'è la caparra e quando va pagata? |
| **Wo und wann kann ich die Schlüssel abholen?** | Dove e quando posso ritirare le chiavi? |

## CAMPING | CAMPEGGIO

| | |
|---|---|
| **Ich suche einen schönen Campingplatz an der Südküste/am Wasser.** | Cerco un bel campeggio sulla costa meridionale/vicino all'acqua. |
| **Können Sie mir etwas empfehlen?** | Potrebbe raccomandarmi qualcosa? |

## > MEHR ERLEBEN

Nur keine Scheu! Der Smalltalk im Café, die Plauderei beim Einkauf, der Flirt beim Clubben – reden Sie drauflos, es ist einfacher als Sie denken! Und macht die Reise erst so richtig spannend.

### ■ BEGRÜSSUNG | SALUTARSI

| | |
|---|---|
| Guten Morgen/Guten Tag! | Buon giorno! |
| Guten Abend! | Buona sera! |
| Hallo!/Grüß dich! | Ciao! |
| Wie geht es Ihnen? | Come stai? |
| Wie geht es dir? | Come stai? |
| Und Ihnen? | E Lei? |
| Und dir? | E tu? |

# IM GESPRÄCH

■ **MEIN NAME IST ...** | MI CHIAMO ... ■■■■■■■■■■■■■■

| | |
|---|---|
| **Wie ist Ihr Name, bitte?** | Come si chiama? |
| **Wie heißt du?** | Come ti chiami? |
| **Darf ich bekannt machen?** | Le posso presentare … |
| **Das ist ...** | |
| **Frau X.** | la signora X. |
| **Herr X.** | il signor X. |
| **Es freut mich, Sie kennen zu lernen.** | Sono lieto/lieta di conoscerla. |

## AUF WIEDERSEHEN! | ARRIVEDERCI!

| | |
|---|---|
| Tschüss! | Ciao! |
| Bis später! | A più tardi! |
| Bis morgen! | A domani! |
| Bis bald! | A presto! |
| Gute Nacht! | Buona notte! |
| Gute Reise! | Buon viaggio! |

## BITTE | PER FAVORE

| | |
|---|---|
| Darf ich Sie um einen Gefallen bitten? | Le posso chiedere un favore? |
| Können Sie mir bitte helfen? | Mi può aiutare, per favore? |
| Gestatten Sie? | Permette? |
| Bitte sehr./Gern geschehen. | Prego!/Non c'è di che! |
| Mit Vergnügen! | Con piacere! |

## DANKE! | GRAZIE!

| | |
|---|---|
| Vielen Dank! | Tante grazie! |
| Danke, sehr gern! | Grazie, molto volentieri! |
| Nein, danke! | No, grazie. |
| Danke, gleichfalls! | Grazie, altrettanto. |
| Das ist nett, danke. | Molto gentile, grazie. |
| Vielen Dank für Ihre Hilfe/ Mühe. | Grazie del Suo aiuto/della Sua premura. |

## ENTSCHULDIGUNG! | SCUSI!

| | |
|---|---|
| Das tut mir leid. | Mi dispiace tanto. |
| Schade! | Peccato! |

## ALLES GUTE! | TANTE BELLE COSE!

| | |
|---|---|
| Herzlichen Glückwunsch! | Auguri! |
| Alles Gute zum Geburtstag! | Tanti auguri per il compleanno. |
| Viel Erfolg! | Buon lavoro! |
| Viel Glück! | Buona fortuna! |
| Gute Besserung! | Buona guarigione! |

> *www.marcopolo.de/italienisch*

# IM GESPRÄCH

| | |
|---|---|
| Wie schön! | Che bello! |
| Das ist wunderbar! | È meraviglioso! |
| Sie sprechen aber sehr gut Italienisch/Deutsch. | Lei lo parla molto bene l'italiano/il tedesco. |
| Sie sehen gut aus! | La vedo bene! |
| Ich finde Sie sehr sympathisch. | La trovo molto simpatico, -a. |

## WIE DIE EINHEIMISCHEN

**Insider Tipps**

> **"Buona sera!"**
"Guten Abend" sagt man in der Toscana schon ab ca.14.00, d.h. nach dem Mittagessen. Im übrigen Italien ab ca. 16.00/17.00 Uhr.

> **Anrede**
Im Italienischen ist es durchaus üblich, jemanden mit Titel oder mit seiner Berufsbezeichnung anzusprechen: z. B. *Ingegnere* (Ingenieur). Auch die Anrede mit Titel und Name (*Ingegnere X* – Herr X) ist möglich, wirkt jedoch förmlicher und distanzierter.

> **Küsschen, Küsschen**
Trifft man sich nach dem ersten Kennenlernen wieder, begrüßt man sich mit: *Ciao!* oder *Ciao, come va?* („Hallo, wie geht's?"), je nachdem, wie nah man sich beim ersten Treffen gekommen ist. Bei Frauen schneller, bei Männern nur unter wirklich guten Freunden oder Bekannten *(amici)* gibt es auch ein Küsschen: zuerst auf die linke, dann auf die rechte Wange. Beim Abschied unter *amici* benutzt man oft die Wendung *Ci vediamo!* („Wir sehen uns!")

> **"Permesso"**
... („Sie gestatten") sagt der Besucher in Italien, bevor er – der Aufforderung des Gastgebers folgend – eine fremde Wohnung betritt.

> **Komplimente**
Sparen Sie beim Essen nicht mit ausschweifenden Komplimenten! Zum Beispiel: *che buono!* – „sehr schmackhaft, lecker", *buonissimo!* – „sehr gut!", *ottimo!* – „ausgezeichnet", *eccellente!* – „hervorragend!", *che delizia!* – „köstlich!", *squisito!* – „vorzüglich, köstlich", *eccezionale!* – „einzigartig". Beim Essen darf in Italien viel und laut geredet werden. Je besser es schmeckt, desto lauter und ausführlicher wird es kundgetan, „gefräßige Stille" ist unbekannt und könnte missverstanden werden.

| | |
|---|---|
| angenehm | piacevole |
| ausgezeichnet | ottimo |
| beeindruckend | impressionante |
| freundlich | gentile, cortese |
| hübsch | carino, grazioso |
| lecker | squisito, gustoso |
| liebenswürdig | gentile, affabile |
| schön | bello |

## ■ SMALLTALK | SMALLTALK

### ZUR PERSON GENERALITÀ

| | |
|---|---|
| Wie alt sind Sie/bist du? | Quanti anni ha/hai? |
| Ich bin 24. | Ho 24 anni. |
| Was machen Sie/ machst du beruflich? | Qual è la Sua / tua professione? |
| Ich bin ... | Sono ... |
| Ich arbeite bei ... | Lavoro presso ... |
| Ich gehe noch zur Schule. | Vado ancora a scuola. |
| Ich bin Student/in. | Sono studente/essa universitario/a. |

### HERKUNFT UND AUFENTHALT PROVENIENZA E RESIDENZA

| | |
|---|---|
| Woher kommen Sie/ kommst du? | Di dov'è Lei?/Di dove sei tu? |
| Ich komme aus Stuttgart. | Sono di Stoccarda. |
| Sind Sie/ Bist du schon lange in ...? | È / Sei qui da molto? |
| Ich bin seit ... hier. | Sono qui da ... |
| Wie lange bleiben Sie/ bleibst du? | Quanto si ferma / ti fermi? |
| Sind Sie/ Bist du zum ersten Mal hier? | È / Sei qui per la prima volta? |
| Wie finden Sie es? | Che cosa ne pensa? |

### HOBBYS HOBBY

| | |
|---|---|
| Haben Sie/Hast du ein Hobby? | Ha/Hai un hobby? |
| Wofür interessieren Sie sich so? | Di che cosa si interessa? |
| Ich interessiere mich für ... | Mi interesso di ... |

| | |
|---|---|
| fotografieren | fotografare |
| Freunde treffen | incontrare amici |
| im Internet surfen | navigare su internet |

| | |
|---|---|
| Karten-/Brettspiele/ Computerspiele | giochi a carte/da tavola/ computer games |
| Kino/Filme | cinema/film |
| kochen | cucinare |
| lesen | leggere |
| malen | dipingere |
| Musik hören | ascoltare musica |
| Musik machen | fare musica |
| reisen | viaggiare |
| Sprachen lernen | studiare lingue |

**SPORT** SPORT

 Volles Programm: Seite 84 ff.

| | |
|---|---|
| Welchen Sport treiben Sie? | Quale sport pratica Lei? |
| Ich spiele ... | Io gioco a ... |
| Ich jogge/ schwimme/ fahre Rad. | Faccio jogging. / Nuoto. / Vado in bicicletta. |
| Ich spiele einmal in der Woche Tennis/Volleyball. | Una volta alla settimana gioco a tennis/a pallavolo. |
| Ich gehe ziemlich regelmäßig ins Fitnesscenter. | Vado abbastanza regolarmente in palestra. |

## ■ VERABREDUNG/FLIRT | APPUNTAMENTO/FLIRT

| | |
|---|---|
| Haben Sie/Hast du für morgen schon etwas vor? | Ha/Hai già un programma per domani? |
| Wann treffen wir uns? | A che ora ci incontriamo? |
| Darf ich Sie/dich nach Hause bringen? | La/Ti posso accompagnare a casa? |
| Hast du einen Freund/ eine Freundin? | Hai un ragazzo/una ragazza? |
| Sind Sie verheiratet? | È sposato/sposata? |
| Ich habe mich den ganzen Tag auf Sie/dich gefreut. | L'ho aspettata/Ti ho aspettato tutto il giorno con impazienza. |
| Du hast wunderschöne Augen! | Hai degli occhi stupendi! |
| Ich habe mich in dich verliebt. | Mi sono innamorato/innamorata di te. |
| Ich mich auch in dich. | Io pure ti amo. |
| Ich liebe dich! | Ti amo! |
| Ich möchte mit dir schlafen. | Vorrei andare a letto con te. |
| Aber nur mit Kondom! | Però solo con preservativo! |
| Hast du Kondome? | Ne hai preservativi? |

| | |
|---|---|
| Wo kann ich welche kaufen? | Dove posso comprarli? |
| Es tut mir leid, aber ich bin nicht in dich verliebt. | Mi dispiace, ma non ti amo. |
| Ich habe keine Lust dazu. | Non ne ho voglia. |
| Ich will nicht. | Non voglio. |
| Bitte geh jetzt! | Per favore, adesso vattene! |
| Hör sofort auf! | Smettila! |
| Hau ab! | Sparisci! |
| Lassen Sie mich bitte in Ruhe! | Mi lasci in pace, per favore! |

# Zeit

## ■ UHRZEIT | L'ORA

**WIE VIEL UHR IST ES?** CHE ORE SONO?

 Zeitangaben: Umschlagklappe

**UM WIE VIEL UHR?/WANN?** A CHE ORA?/QUANDO?

| | |
|---|---|
| Um 1 Uhr. | All'una. |
| In einer Stunde. | Fra un'ora. |
| Zwischen 3 und 4. | Tra le tre e le quattro. |

**WIE LANGE?** PER QUANTO TEMPO?

| | |
|---|---|
| Zwei Stunden (lang). | Per due ore. |
| Von 10 bis 11. | Dalle dieci alle undici. |
| Bis 5 Uhr. | Fino alle cinque. |

# WIE DIE EINHEIMISCHEN

*mio amico*
*mia amica*

**Insider Tipp**

**▶ Nur platonisch?**

*Amico/ amica* für Freund(in) können Sie im Italienischen bedenkenlos benutzen, z. B. „Das ist mein Freund Joscha!" *(Questo è il mio amico Joscha!).* Hier ist kein Sex im Spiel! Haben sie mehr als nur eine platonische Beziehung zu jemandem, benutzen die jüngeren Leute *ragazzo/ragazza* und die älteren (ca. ab 40) *compagno/ compagna.*

# IM GESPRÄCH

**SEIT WANN?** DA QUANDO?

| | |
|---|---|
| **Seit 8 Uhr morgens.** | Fin dalle otto del mattino. |
| **Seit einer halben Stunde.** | Da mezz'ora. |

## ■ SONSTIGE ZEITANGABEN | ULTERIORI INDICAZIONI DELL'ORA ■■

| | |
|---|---|
| morgens | la mattina (presto) |
| vormittags | la mattina |
| gegen Mittag | verso mezzogiorno |
| mittags | a mezzogiorno |
| nachmittags | il pomeriggio |
| abends | di sera |
| nachts | di notte |
| | |
| vorgestern | l'altro ieri |
| gestern | ieri |
| vor zehn Minuten | dieci minuti fa |
| heute | oggi |
| jetzt | ora |
| morgen | domani |
| übermorgen | dopo domani |
| diese Woche | questa settimana |
| am Wochenende | a fine settimana |
| am Sonntag | domenica |
| in 14 Tagen | fra quindici giorni |
| nächstes Jahr | l'anno prossimo |
| | |
| manchmal | a volte |
| alle halbe Stunde | ogni mezz'ora |
| stündlich | ogni ora |
| täglich | tutti i giorni, giornaliero |
| alle zwei Tage | ogni due giorni |
| | |
| kürzlich | recentemente |
| innerhalb einer Woche | entro una settimana |
| bald | presto |

## ■ DATUM | DATA E ETÀ ■■■■■

| | |
|---|---|
| **Den Wievielten haben wir heute?** | Quanti ne abbiamo oggi? |
| **Heute ist der 1. Mai.** | Oggi è il primo maggio. |

## ■ WOCHENTAGE | I GIORNI DELLA SETTIMANA

| | |
|---|---|
| Montag | lunedì |
| Dienstag | martedì |
| Mittwoch | mercoledì |
| Donnerstag | giovedì |
| Freitag | venerdì |
| Samstag | sabato |
| Sonntag | domenica |

## ■ MONATE | I MESI

| | |
|---|---|
| Januar | gennaio |
| Februar | febbraio |
| März | marzo |
| April | aprile |
| Mai | maggio |
| Juni | giugno |
| Juli | luglio |
| August | agosto |
| September | settembre |
| Oktober | ottobre |
| November | novembre |
| Dezember | dicembre |

## ■ JAHRESZEITEN | LE STAGIONI

| | |
|---|---|
| Frühling | primavera |
| Sommer | estate f |
| Herbst | autunno |
| Winter | inverno |

## ■ FEIERTAGE | GIORNI FESTIVI

| | |
|---|---|
| Neujahr | Capodanno |
| Dreikönigstag | L'Epifania |
| Karneval | Carnevale |
| Fastnachtsdienstag | Martedì grasso |
| Aschermittwoch | Mercoledì delle ceneri |
| Karfreitag | Venerdì Santo |
| Ostern | Pasqua |

| | |
|---|---|
| Ostermontag | Lunedì dell'Angelo |
| 25. April (Befreiung vom Faschismus) | Liberazione |
| 1. Mai | Festa del lavoro |
| Fronleichnam | Corpus Domini |
| 2. Juni (Gründung der Republik Italien) | Festa della Repubblica |
| Mariä Himmelfahrt (15. 8.) | Assunzione, Ferragosto |
| Allerheiligen (1. 11.) | Ognissanti |
| 8. Dezember (Mariä Empfängnis) | Immacolata Concezione |
| Heiliger Abend | Vigilia di Natale |
| 1. Weihnachtsfeiertag | Il giorno di Natale |
| 2. Weihnachtsfeiertag | Santo Stefano |

# Wetter

| | |
|---|---|
| Wie wird das Wetter heute? | Che tempo farà oggi? |
| Es bleibt schön/schlecht. | Rimane bello/brutto. |
| Es wird wärmer/kälter. | Si sta facendo più caldo/freddo. |
| Es soll regnen/schneien. | Pioverà/Nevicherà. |
| Es ist kalt/heiß. | Fa freddo/caldo. |
| Es ist schwül. | C'è afa. |
| Wie viel Grad haben wir heute? | Quanti gradi abbiamo oggi? |
| Es ist 20 Grad. | Abbiamo una temperatura di 20 gradi. |

| | |
|---|---|
| bewölkt | nuvoloso |
| Ebbe | bassa marea |
| Flut | alta marea |
| Frost | gelo |
| Gewitter | temporale m |
| heiß | caldo, bollente |
| kalt | freddo |
| Nebel | nebbia |
| Regen | pioggia |
| Schnee | la neve |
| Sonne | il sole |
| Trockenheit | siccità |
| Überschwemmung | l'alluvione f |
| warm | caldo |
| wechselhaft | variabile |
| Wind | vento |

## > WO GEHT ES NACH...?

Wenn Sie sich verirrt oder verfahren haben oder einfach nicht mehr weiter wissen: Fragen Sie! Dieses Kapitel hilft Ihnen dabei.

## WO GEHT'S LANG?

| | |
|---|---|
| Bitte, wo ist ...? | Scusi signore/signora/signorina, dov'è …? |
| Entschuldigen Sie bitte, wie komme ich nach ...? | Senta, scusi, per andare a …? |
| Welches ist der kürzeste Weg nach/zu ...? | Qual è la strada più breve per …? |
| Wie weit ist es zum/zur ...? | Quanto ci vuole per andare a …? |
| Gehen Sie ... | Vada … |
| geradeaus. | diritto. |
| nach links/nach rechts. | a sinistra/a destra.. |

# UNTER WEGS

| | |
|---|---|
| **Erste/Zweite Straße links/ rechts.** | La prima/seconda strada a sinistra/a destra. |
| **Überqueren Sie …** | Attraversi … |
| **die Brücke.** | il ponte. |
| **den Platz.** | la piazza. |
| **die Straße.** | la strada. |
| **Dann fragen Sie noch einmal.** | Poi chięda un'altra volta. |
| **Sie können … nehmen.** | Può pręndere … |
| **den Bus** | l'autobus. |
| **die Straßenbahn** | il tram. |
| **die U-Bahn** | la metropolitana. |

# AN DER GRENZE

| | |
|---|---|
| Haben Sie etwas zu verzollen? | Ha niente da dichiarare? |
| Nein, ich habe nur ein paar Geschenke. | No, ho soltanto alcuni regali. |
| Fahren Sie bitte rechts heran. | Si metta lì a destra! |
| Öffnen Sie bitte den Kofferraum/diesen Koffer. | Apra, per favore, il bagagliaio/questa valigia. |
| Muss ich das verzollen? | Lo/la devo sdoganare? |

| | |
|---|---|
| Ausfuhr | l'esportazione f, l'esecuzione f |
| ausreisen | partire (per l'estero) |
| Einfuhr | l'importazione f |
| einreisen | entrare (in un paese) |
| Familienname | il cognome |
| Familienstand | stato di famiglia |
| ledig | (Mann) celibe; (Frau) nubile |
| verheiratet | sposato |
| Führerschein | la patente |
| Geburtsdatum | data di nascita |
| Geburtsname | il nome da ragazza |
| Geburtsort | luogo di nascita |
| gültig | valido |
| Personalausweis | carta d'identità |
| Reisepass | passaporto |
| Staatsangehörigkeit | nazionalità |
| Vorname | il nome |
| Wohnort | domicilio |
| Zoll | dogana |
| zollfrei | esente da dazio doganale |
| zollpflichtig | soggetto a dazio doganale |

# UNTERWEGS

## ... MIT DEM AUTO/MOTORRAD/ FAHRRAD

### ■ WIE KOMME ICH NACH ...? | PER ANDARE A ...?

| | |
|---|---|
| Wie weit ist das? | Quanti chilometri sono? |
| Bitte, ist das die Straße nach ...? | Scusi, è questa la strada per ...? |
| Wie komme ich zur Autobahn nach ...? | Scusi, l'autostrada per ...? |
| Immer geradeaus bis ... | Sempre diritto fino a ... |
| Dann links/ rechts abbiegen. | Poi svolti a sinistra/destra. |

### ■ VOLL TANKEN, BITTE | IL PIENO, PER FAVORE!

| | |
|---|---|
| Wo ist bitte die nächste Tankstelle? | Dov'è la prossima stazione di servizio, per favore? |
| Ich möchte ... Liter ... | Vorrei ... litri di ... |
| Normalbenzin. | benzina normale. |
| Super. | super. |
| Diesel. | gasolio. |
| bleifrei/mit ... Oktan. | senza piombo(verde) / a ... ottani. |
| Würden Sie bitte den Ölstand prüfen? | Scusi, potrebbe controllare il livello dell'olio? |
| Sehen Sie bitte auch das Kühlwasser nach. | Controlli anche l'acqua del radiatore, per favore. |

### ■ PARKEN | IL PARCHEGGIO

| | |
|---|---|
| Gibt es hier in der Nähe eine Parkmöglichkeit? | Scusi c'è un parcheggio qui vicino? |
| Kann ich das Auto hier abstellen? | Mi potete rilasciare qui il visto? |

## ■ PANNE | GUASTO

| | |
|---|---|
| Ich habe einen Platten. | Ho una gomma a terra. |
| Würden Sie mir bitte … | Mi potrebbe mandare … |
| einen Mechaniker | un meccanico? |
| einen Abschleppwagen schicken? | un carro-attrezzi? |
| Könnten Sie mir mit Benzin aushelfen? | Mi potrebbe dare un po' di benzina, per favore? |
| Könnten Sie mir beim Reifenwechsel helfen? | Mi potrebbe aiutare a cambiare la ruota? |
| Würden Sie mich bis zur nächsten Tankstelle mitnehmen? | Mi potrebbe dare un passaggio fino alla prossima stazione di servizio? |

## ■ WERKSTATT | OFFICINA

| | |
|---|---|
| Mein Wagen springt nicht an. | La macchina non parte. |
| Können Sie mal nachsehen? | Ci potrebbe dare un'occhiata, per favore? |
| Die Batterie ist leer. | La batteria è scarica. |
| Mit dem Motor stimmt was nicht. | Il motore non va bene. |
| Die Bremsen funktionieren nicht. | I freni non sono a posto. |
| … ist/sind defekt. | … è/sono difettoso/difettosi. |

## WIE DIE EINHEIMISCHEN

**Insider Tipp**

> **Achtung Strafzettel!**
Die Stadtzentren der großen Städte sind inzwischen nur noch eingeschränkt befahrbar. Es wurden verkehrsbeschränkte Zonen (ZTL = *zone a traffico limitato*) eingerichtet, die nur Berechtigte befahren dürfen. Elektronische Schranken (*porte telematiche*) lassen nur Autos mit Freischaltcodes ungestraft passieren. Wer unerlaubt durchfährt, wird mit Strafzetteln bombardiert.
Innenstadthotels können von Hotelgästen mit entsprechenden Freischaltcodes angefahren werden.
Gelb abgegrenzte Parkplätze sind für Anwohner, blau abgegrenzte für Nicht-Anwohner.

> *www.marcopolo.de/italienisch*

| | |
|---|---|
| Der Wagen verliert Öl. | La macchina perde olio. |
| Wechseln Sie bitte die Zündkerzen aus. | Cambi le candele, per favore. |
| Was wird es kosten? | Quanto costerà? |

## ■ UNFALL | INCIDENTE

| | |
|---|---|
| Rufen Sie bitte schnell ... | Chiami subito … |
| einen Krankenwagen. | un'autoambulanza. |
| die Polizei. | la polizia. |
| die Feuerwehr. | i vigili del fuoco. |
| Sind Sie verletzt? | È ferito/a |
| Haben Sie Verbandszeug? | Ha materiale di pronto soccorso? |
| Es war meine Schuld. | È stata colpa mia. |
| Es war Ihre Schuld. | È stata colpa Sua. |
| Sollen wir die Polizei holen, oder können wir uns so einigen? | Dobbiamo chiamare la polizia, o ci vogliamo mettere d'accordo fra noi? |
| Ich möchte den Schaden durch meine Versicherung regeln lassen. | Vorrei far regolare il danno dalla mia assicurazione. |
| Geben Sie mir bitte Ihren Namen und Ihre Anschrift. | Mi dia il Suo nome e indirizzo. |
| Danke für Ihre Hilfe. | Grazie dell'aiuto. |

| | |
|---|---|
| abschleppen | rimorchiare, trainare |
| Abschleppseil | cavo da rimorchio |
| Abschleppwagen | carro attrezzi |
| Ampel | semaforo |
| Anlasser | motorino d'avviamento |
| Autobahn | autostrada |
| Automatik(getriebe) | cambio automatico |
| Baustelle | il cantiere edile |
| Benzin | benzina |
| Benzinkanister | lattina, tanica |
| Bremsbelag | la guarnizione dei freni |
| Bußgeld | ammenda, multa |
| Defekt | difetto |
| Elektrotankstelle | stazione di carica |
| Erdgastankstelle | distributore metano |
| Fahrrad | bicicletta |
| Fahrspur | corsia |
| Fehlzündung | l'accensione f a vuoto |

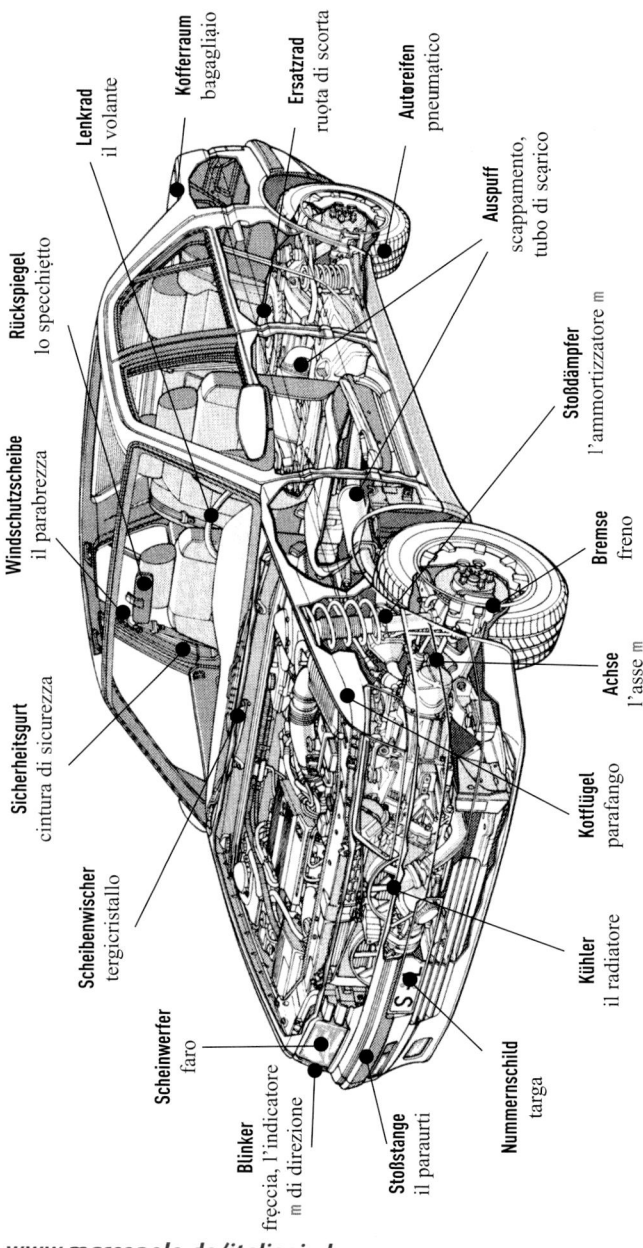

**Kofferraum** bagagliaio

**Ersatzrad** ruota di scorta

**Autoreifen** pneumatico

**Lenkrad** il volante

**Auspuff** scappamento, tubo di scarico

**Rückspiegel** lo specchietto

**Stoßdämpfer** l'ammortizzatore m

**Windschutzscheibe** il parabrezza

**Bremse** freno

**Achse** l'asse m

**Sicherheitsgurt** cintura di sicurezza

**Kotflügel** parafango

**Scheibenwischer** tergicristallo

**Kühler** il radiatore

**Scheinwerfer** faro

**Nummernschild** targa

**Blinker** freccia, l'indicatore m di direzione

**Stoßstange** il paraurti

| | |
|---|---|
| **Felge** | il cerchione |
| **Fernlicht** | i fari abbaglianti |
| **Flickzeug** | gli accessori per la riparazione di forature |
| **Führerschein** | la patente |
| **Fußbremse** | freno a pedale |
| **Gang** | marcia |
| **Gaspedal** | l'acceleratore m |
| **Gepäckträger** | il portabagagli |
| **Geländewagen** | il fuoristrada |
| **Getriebe** | cambio |
| **Handbremse** | freno a mano |
| **Heizung** | riscaldamento |
| **Helm** | casco |
| **Hupe** | il clacson |
| **Kabel** | cavo |
| **Keilriemen** | cinghia |
| **Klingel** | campanello |
| **Kühlwasser** | acqua di raffreddamento |
| **Kreuzung** | incrocio |
| **Kupplung** | la frizione |
| **Kurve** | curva |
| **Landstraße** | strada maestra |
| **Lastwagen** | il camion |
| **Lichtmaschine** | la dinamo |
| **Motor** | il motore |
| **Motorrad** | motocicletta |
| **Motorroller** | il motoscooter, motoretta |
| **Notrufsäule** | telefono d'emergenza |
| **Oktanzahl** | numero di ottani |
| **Öl** | olio |
| **Ölwechsel** | cambio dell'olio |
| **Panne** | guasto |
| **Pannendienst** | soccorso stradale |
| **Papiere** | i documenti |
| **Parkhaus** | parcheggio a più piani, autosilo |
| **Parkplatz** | parcheggio |
| **Promille** | per mille |
| **PS** | CV (cavalli vapore) |
| **Radarkontrolle** | controllo radar |
| **Raststätte** | la stazione di servizio, posto di ristoro |
| **Reifenpanne** | foratura |
| **Schiebedach** | tetto apribile |
| **Schraube** | la vite |
| **Schraubenschlüssel** | la chiave per dadi |

| | |
|---|---|
| Schutzblech | lamiera di protezione |
| Standlicht | le luci di posizione |
| Starthilfekabel | cavo ausiliario di collegamento per la messa in moto |
| Stau | ingorgo |
| Straße | strada, via |
| Straßenkarte | carta automobilistica |
| Tachometer | tachimetro |
| Tankstelle | stazione di servizio |
| Tramper/in | l'autostoppista m f |
| Umleitung | la deviazione |
| Ventil | valvola |
| Vergaser | il carburatore |
| Versicherungskarte, grüne | carta verde |
| Vollkasko | l'assicurazione f di totale copertura |
| Wagenheber | il cric |
| Wagenwäsche | autolavaggio |
| Warnblinker | il lampeggiatore d'emergenza |
| Warndreieck | triangolo |
| Werkstatt | officina |
| Werkzeug | l'utensile m, attrezzo |
| Zündkerze | candela |
| Zündschloss | l'interruttore m dell'accensione |
| Zündschlüssel | chiavetta di accensione |
| Zündung | l'accensione f |

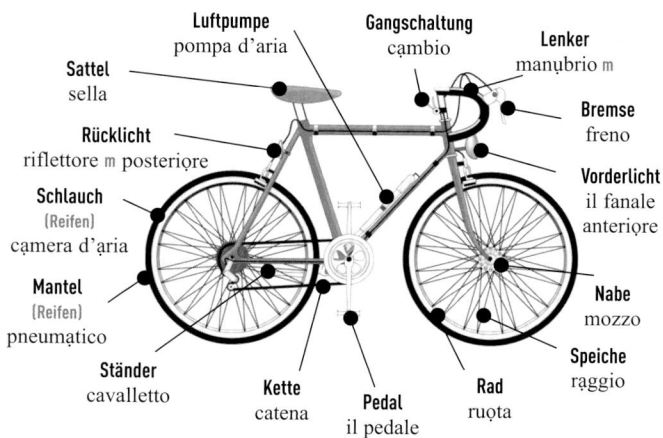

**Luftpumpe** pompa d'aria

**Gangschaltung** cambio

**Lenker** manubrio m

**Sattel** sella

**Bremse** freno

**Rücklicht** riflettore m posteriore

**Vorderlicht** il fanale anteriore

**Schlauch** (Reifen) camera d'aria

**Mantel** (Reifen) pneumatico

**Nabe** mozzo

**Ständer** cavalletto

**Kette** catena

**Pedal** il pedale

**Rad** ruota

**Speiche** raggio

## AUTO-/MOTORRAD-/FAHRRADVERMIETUNG
### AUTONOLEGGIO/NOLEGGIO DI MOTOCICLI

| | |
|---|---|
| Ich möchte für … Tage/eine Woche … mieten. | Vorrei noleggiare per … giorni/una settimana … |
| einen Wagen | una macchina. |
| ein Motorrad/einen Roller | un motore/una motoretta. |
| ein Fahrrad | una bicicletta. |
| Wie hoch ist die Tages-/Wochenpauschale? | Qual è il forfait giornaliero/settimanale? |
| Wie viel verlangen Sie pro gefahrenen km? | Quanto si paga per ogni chilometro percorso? |
| Ist das Fahrzeug vollkasko-versichert? | Il veicolo è assicurato contro tutti i rischi? |
| Ist es möglich, das Fahrzeug in … abzugeben? | È possibile riconsegnare la macchina a …? |

# … MIT DEM FLUGZEUG

## ABFLUG | DECOLLO

| | |
|---|---|
| Wo ist der Schalter der … Fluggesellschaft? | Dov'è lo sportello della compagnia aerea …? |
| Wann fliegt die nächste Maschine nach …? | Quando c'è un aereo per …? |
| Ich möchte einen einfachen Flug/Hin- und Rückflug nach … buchen. | Vorrei prenotare un volo di sola andata/di andata e ritorno per … |
| Sind noch Plätze frei? | Ci sono ancora posti liberi? |
| Ich möchte diesen Flug stornieren. | Vorrei annullare questo volo. |
| Gibt es für den Flug einen Vorabend-/Telefon-/Internet-Checkin? | Si può fare il check-in alla vigilia della partenza/al telefono/via internet per questo volo? |
| Kann ich das als Handgepäck mitnehmen? | Posso portare con me il bagaglio a mano? |
| Hat die Maschine nach … Verspätung? | L'aereo per … è in ritardo? |

| | |
|---|---|
| Mein Gepäck ist verloren gegangen. | Il mio bagaglio è stato smarrito. |
| Mein Koffer ist beschädigt worden. | La mia valigia è stata danneggiata. |

| | |
|---|---|
| Ankunftszeit | orario d'arrivo |
| Anschluss | coincidenza |
| Anschnallgurt | cintura di sicurezza |
| an Bord | a bordo |
| Bordkarte | carta d'imbarco |
| Buchung | la prenotazione |
| Direktflug | volo diretto |
| einchecken | fare il check-in |
| Fenstersitz | posto al finestrino |
| Flug | volo |
| Fluggesellschaft | compagnia aerea |
| Flughafenbus | collegamento pullman con l'aeroporto |
| Flughafengebühr | i diritti aeroportuali |
| Flugsteig | sala d'attesa passeggeri |
| Flugstrecke | tratto (di volo) |
| Flugzeug | aereo |
| Gepäck | bagaglio |
| Gepäckabfertigung | la spedizione bagagli |
| Gepäckausgabe | consegna del bagaglio |
| Handgepäck | bagaglio a mano |
| Kapitän | capitano |
| Landung | atterraggio |
| Notausgang | uscita d'emergenza |
| Notlandung | atterraggio di fortuna |
| Pilot/in | il/la pilota |
| planmäßiger Abflug | volo regolare |
| Schalter | sportello |
| Schwimmweste | giubbetto di salvataggio |
| Sicherheitskontrolle | controllo di sicurezza |
| Steward/ess | lo steward, l'assistente m f di bordo /l'hostess f |
| stornieren | annullare |
| umbuchen | cambiare il biglietto |
| Verspätung | ritardo |
| zollfreier Laden | spaccio porto-franco |
| Zwischenlandung | scalo |

## ... MIT DEM ZUG

### ■ AM BAHNHOF | ALLA STAZIONE

| | |
|---|---|
| Wann fährt der nächste Zug nach ...? | Quando parte il prossimo treno per ...? |
| Eine einfache Fahrt 2. Klasse/ 1. Klasse nach ..., bitte. | Un biglietto di andata, seconda/prima classe per ... |
| Zweimal ... hin und zurück, bitte. | Due biglietti per ..., andata e ritorno, per favore. |
| Gibt es eine Ermäßigung für Kinder/Studenten? | C'è una riduzione per bambini/per studenti? |
| Bitte eine Platzkarte für den Zug um ... Uhr nach ... | Vorrei prenotare un posto per il treno delle ... per ..., per favore. |
| Hat der Zug aus ... Verspätung? | È in ritardo il treno proveniente da ...? |
| (Wo) Muss ich umsteigen? | (Dove) Devo cambiare? |
| Von welchem Gleis fährt der Zug nach ... ab? | Da quale binario parte il treno per ...? |
| Kann ich ein Fahrrad mitnehmen? | Posso portare la bicicletta? |

### ■ IM ZUG | IN TRENO

| | |
|---|---|
| Verzeihung, ist dieser Platz noch frei? | Scusi, è libero questo posto? |
| Hält dieser Zug in ...? | Questo treno si ferma a ...? |

## WIE DIE EINHEIMISCHEN

**Insider Tipp**

▶ **Anreiz**

Manche Hotels, vor allem an der Adria, erstatten einen Teilbetrag der Anfahrt mit dem Zug der italienischen Eisenbahngesellschaft (*Ferrovie dello Stato (FS)*). Am besten, Sie erfragen die Möglichkeiten bereits bei der Buchung: *Concedete un rimborso parziale per le spese del biglietto del treno?*

| | |
|---|---|
| Abfahrt | partenza |
| Abfahrtszeit | orario di partenza |
| ankommen | arrivare |
| Anschlusszug | treno coincidente, coincidenza |
| Aufenthalt | fermata |
| aussteigen | scendere |
| Autoreisezug | treno traghetto |
| Bahnhof | la stazione |
| besetzt | occupato |
| einsteigen | salire |
| Ermäßigung | la riduzione |
| Fahrkarte | biglietto |
| Fahrkartenschalter | biglietteria |
| Fahrplan | orario |
| Fahrpreis | prezzo del biglietto |
| Fensterplatz | posto al finestrino |
| frei | libero |
| Gepäck | bagaglio |
| Gepäckaufbewahrung | deposito bagagli |
| Gleis | binario |
| Hauptbahnhof | la stazione centrale |
| Kinderfahrkarte | biglietto per ragazzi |
| Nichtraucherabteil | scompartimento per non fumatori |
| Notbremse | freno d'emergenza |
| Rückfahrkarte | biglietto di andata e ritorno |
| Schlafwagen | vagone letto |
| Schließfach | cassetta di sicurezza |
| Sitzplatzreservierung | prenotazione posto |
| Speisewagen | il vagone ristorante |
| Stromanschluss | connessione elettrica |
| Toilette | gabinetto |
| Wartehalle | sala d'aspetto |
| Zug | la ferrovia |
| Zugfähre | la nave traghetto |
| Zuschlag | supplemento |

# ... MIT DEM SCHIFF

## ■IM HAFEN | AL PORTO

| | |
|---|---|
| **Wann fährt das nächste Schiff nach ... ab?** | Quando parte la prossima nave per ...? |

| | |
|---|---|
| Wie lange dauert die Über-fahrt? | Quanto dura la traversata? |
| Ich möchte bitte ... | Vorrei ... per favore. |
| eine Schiffskarte nach ... | un biglietto per ... |
| Ich möchte eine Karte für die Rundfahrt um ... Uhr. | Vorrei un biglietto per il giro delle ... |
| Wann legen wir in ... an? | Quando attracchiamo a ...? |

## ■ AN BORD | A BORDO

| | |
|---|---|
| Wo ist der Speisesaal/der Aufenthaltsraum? | Dov'è la sala da pranzo/il salone? |
| Ich fühle mich nicht wohl. | Non mi sento bene. |
| Geben Sie mir bitte ein Mittel gegen Seekrankheit. | Mi dia qualcosa contro il mal di mare, per favore. |

| | |
|---|---|
| Anlegeplatz | approdo |
| an Bord | a bordo |
| Buchung | la prenotazione |
| Dampfer | piroscafo, nave a vapore |
| Deck | coperta |
| Fähre, Auto~ | autotraghetto |
| Eisenbahnfähre | la nave traghetto |
| Fahrkarte | biglietto |
| Festland | terra ferma |
| Hafen | porto |
| Kabine | cabina |
| Kapitän | capitano |
| Küste | costa |
| Landausflug | l'escursione f a terra |
| Luftkissenboot | l'hovercraft m |
| Motorboot | motoscafo |
| Rettungsboot | scialuppa di salvataggio |
| Rettungsring | il salvagente |
| Ruderboot | barca a remi |
| Schwimmweste | giubbetto di salvataggio |
| Seegang | moto ondoso |
| seekrank sein | avere il mal di mare |
| Steward | steward |

# NAHVERKEHR

## ■ BUS/U-BAHN | L'AUTOBUS/METROPOLITANA ■

| | |
|---|---|
| Bitte, wo ist die nächste ... | Dov'è la prossima … |
| Bushaltestelle? | fermata dell'autobus? |
| Straßenbahnhaltestelle? | fermata del tram? |
| U-Bahnstation? | stazione della metropolitana? |
| Welche Linie fährt nach ...? | Qual è la linea che va a …? |
| Wo fährt der Bus ab? | Da dove parte l'autobus? |
| Entschuldigen Sie, wo muss ich aussteigen/umsteigen? | Scusi, dove devo scendere/cambiare? |
| Könnten Sie mir bitte Bescheid geben, wenn ich aussteigen muss? | Senta, scusi, potrebbe avvertirmi quando devo scendere? |
| Wo kann ich den Fahrschein kaufen? | Dove si comprano i biglietti? |
| Bitte, einen Fahrschein nach ... | Un biglietto per …, per favore. |
| Kann ich ein Fahrrad mitnehmen? | Posso portare la bicicletta? |

| | |
|---|---|
| Abfahrt | partenza |
| aussteigen | scendere |
| Bus | l'autobus m |
| einsteigen | salire |
| Endstation | il capolinea |
| Fahrer | il conducente |
| Fahrkartenautomat | il distributore automatico di biglietti |
| Fahrpreis | prezzo del biglietto |

## WIE DIE EINHEIMISCHEN

*biglietto*

**Insider Tipp**

### ›› Gewusst wo

Fahrkartenautomaten gibt es nicht in jeder Stadt. Tickets müssen oft an Zeitungsständen oder im Schreibwarenladen gekauft werden.

**› www.marcopolo.de/italienisch**

| | |
|---|---|
| Fahrschein | biglietto |
| Haltestelle | fermata |
| Kontrolleur | il controllore |
| lösen (Fahrschein) | comprare i biglietti |
| Schaffner | il controllore |
| Straße | strada, via |
| Straßenbahn | il tram |
| Tageskarte | biglietto giornaliero |
| U-Bahn | metropolitana |
| Wochenkarte | abbonamento settimanale |

## ▪TAXI | TASSÌ

| | |
|---|---|
| Könnten Sie mir bitte ein Taxi rufen? | Potrebbe chiamarmi un tassì? |
| Entschuldigen Sie bitte, wo ist der nächste Taxistand? | Senta, scusi c'è un posteggio di tassì qui vicino? |
| Zum Bahnhof. | Alla stazione. |
| Zum ... Hotel. | All'albergo … |
| In die ...-Straße. | In via … |
| Nach ..., bitte. | A …, per favore. |
| Wie viel kostet es nach ...? | Quanto costa andare a …? |
| Das ist zu viel. | È troppo. |
| Halten Sie bitte hier. | Si fermi qui. |
| Das ist für Sie. | Questo è per Lei. |
| Die Quittung, bitte. | La ricevuta, per favore |

| | |
|---|---|
| Fahrpreis | prezzo del biglietto |
| Taxifahrer/in | il/la tassista |
| Taxistand | posteggio di taxi |
| Trinkgeld | mancia |

# MITFAHREN

| | |
|---|---|
| Fahren Sie nach ...? | Va a …? |
| Könnte ich ein Stück mitfahren? | Mi dà un passaggio? |
| Ich würde gerne hier aussteigen. | Vorrei scendere qui. |
| Vielen Dank fürs Mitnehmen. | Grazie del passaggio. |

# > KULINARISCHE ABENTEUER

Mit Spaß bestellen und mit Genuss essen – denn für Sie ist die Speisekarte in Landessprache kein Buch mit sieben Siegeln.

## ESSEN GEHEN | ANDARE A MANGIARE

| | |
|---|---|
| **Wo gibt es hier ...** | Scusi, mi potrebbe indicare … |
| **ein gutes Restaurant?** | un buon ristorante? |
| **ein typisches Restaurant?** | un locale tipico? |
| **Reservieren Sie uns bitte für heute Abend einen Tisch für 4 Personen.** | Può riservarci per stasera un tavolo per quattro persone? |
| **Ist dieser Tisch/Platz noch frei?** | È libero questo tavolo/questo posto? |

# ESSEN UND TRINKEN

| | |
|---|---|
| **Einen Tisch für 2/3 Personen, bitte.** | Per favore, un tạvolo per due/tre persone. |
| **Wo sind die Toiletten?** | Dove sono i servizi igiẹnici? |
| | |
| **Guten Appetit!** | Buon appetito! |
| **Prost!** | Alla Sua salute! |
| **Das Essen ist/war ausgezeichnet!** | Il cibo è/era squisito! |
| **Stört es Sie, wenn ich rauche?** | Le dà nọia se fumo? |

## ■ BESTELLUNG | L'ORDINAZIONE

| | |
|---|---|
| Herr Ober/Bedienung, | Cameriere, ..., |
| die Speisekarte, bitte. | il menụ, per favore. |
| die Getränkekarte, bitte | la lista delle bevande, per favore. |
| die Weinkarte, bitte. | la lista dei vini, per favore. |
| Was können Sie mir empfehlen? | Che cosa mi raccomanda? |
| Haben Sie vegetarische Gerichte/Diätkost? | Avete piatti vegetariani/cibo dietẹtico? |
| Was nehmen Sie als Vorspeise/Nachtisch? | Che cosa prende per antipasto/dessẹrt? |
| Ich nehme ... | Prendo … |
| Wir haben leider kein/e ... (mehr). | Purtroppo il/la... è finito. |
| Was wollen Sie trinken? | Che cosa desịdera da bere? |
| Bitte ein Glas ... | Per favore, un bicchiẹre di … |
| Bitte eine/eine halbe Flasche ... | Per favore, una/mezza bottịglia di ... |
| Bitte bringen Sie uns ... | Ci porti, per favore … |

## ■ REKLAMATION | RECLAMI

| | |
|---|---|
| Das Essen ist kalt. | Il mangiare è freddo. |
| Das Fleisch ist nicht durch. | La carne non è cotta bene. |
| Haben Sie mein/e ... vergessen? | Ha dimenticato il mio / la mia ...? |
| Das habe ich nicht bestellt. | Non ho ordinato questo. |
| Holen Sie bitte den Chef. | Mi chiạmi per favore il direttore/il proprietạrio! |

## ■ BEZAHLEN | PAGARE

| | |
|---|---|
| Bezahlen, bitte. | Il conto, per favore. |
| Bitte alles zusammen. | Tutto insiẹme. |
| Könnte ich bitte eine Quittung bekommen? | Potrebbe darmi una ricevuta?. |
| Getrennte Rechnungen, bitte. | Conti separati, per favore. |
| Das ist für Sie. | Questo è per Lei. |
| Es stimmt so. | Il resto è per Lei. |
| Das Essen war ausgezeichnet. | Il mangiare era ọttimo! |
| Vielen Dank für die Einladung! | Mille grazie per l'invito! |

# ESSEN UND TRINKEN

| | |
|---|---|
| Abendessen | cena |
| Besteck | le posate |
| Bestellung | l'ordinazione f |
| Diabetiker | diabetico |
| durchgebraten | ben cotto |
| englisch (blutig) | al sangue |
| Essig | aceto |
| fettarm | con pochi grassi |
| frisch | fresco |
| Frühstück | prima colazione > S. 46 |
| Gabel | forchetta |
| gebacken | fritto |
| Gericht | pietanza |

## WIE DIE EINHEIMISCHEN

**Insider Tipp**

>> **Für den kleinen und großen Appetit**

In Italien findet man folgende Arten von Gaststätten:

**osteria** – (Weinstube) ist fast verschwunden und ist von der edleren **enoteca** abgelöst worden, wo man gepflegten Wein zu gepflegten Speisen zu sich nimmt.

**trattoria** – Meist handelt es sich um einen Familienbetrieb, in dem es hausgemachte Speisen gibt.

**ristorante** – Restaurant mit großem Angebot an Gerichten. Es ist darauf zu achten, dass es in Italien üblich ist, ein vollständiges Essen – bestehend aus Nudelgericht, Reisgericht oder Suppe (= *primo*), Fleisch- oder Fischgericht (= *secondo*) und Obst oder Nachspeise – zu bestellen. Wenn Sie nur einen Teller Spaghetti oder Ähnliches essen möchten, gehen Sie am besten in eine

**tavola calda** – Dort erhalten Sie verschiedene warme Vorspeisen und kleine Mittagsmahlzeiten, die Sie allerdings meist im Stehen essen.

**bar** – Café, in dem die Italiener morgens ihren *cappuccino* und zu jeder Tageszeit ihren *caffé (espresso), caffè, latte macchiato* oder einen Aperitif trinken und Kleinigkeiten an der Theke oder am Tisch essen. Meist muss man zuerst an der Kasse einen *scontrino* (Kassenbon) lösen, um dann an der Theke das Gewünschte zu bekommen. Es empfiehlt sich, Kleingeld bereitzuhalten. Die in der Preisliste *(listino prezzi)* angegebenen Preise gelten nur für den Verzehr an der Theke.

**pub** – Auch in Italien wird gern Bier getrunken und so sind seit den Neunzigern immer mehr Pubs nach irischem Vorbild entstanden.

**paninoteca** – Barähnliches Lokal, in dem man auch warme und kalte belegte Brötchen bekommt. Diese Art Lokal wird hauptsächlich von jüngeren Gästen besucht.

| | |
|---|---|
| Getränk | bevanda > S. 45 f., 51 ff. |
| Gewürz | le spezie |
| Glas | il bicchiere |
| Gräte | spina, lisca |
| Hauptspeise | secondo > S. 48 f. |
| heiß | caldo, bollente |
| kalorienarm | ipocalorico |
| kalt | freddo |
| Kellner/in | il cameriere/la cameriera |
| Kinderteller | la mezza porzione |
| Knoblauch | aglio |
| Koch/Köchin | cuoco/cuoca |
| kochen | cuocere, (Wasser) bollire |
| Löffel | cucchiaio |
| Messer | coltello |
| Mittagessen | pranzo, il desinare |
| Nachtisch | il dessert, il dolce > S. 50 f. |
| Ober | cameriere m |
| Öl | olio |
| Pfeffer | il pepe |
| Portion | la porzione |
| roh | crudo |
| Salz | il sale |
| sauer | agro |
| scharf | piccante |
| Senf | la senape |
| Serviette | tovagliolo |
| Soße | salsa |
| Suppe | minestra > S. 47 |
| süß | dolce |
| Tagesgericht | piatto del giorno |
| Tasse/Tassen | tazza/tazze |
| Teller | piatto |
| Trinkgeld | mancia |
| Vollkorn | grano integrale |
| Vorspeise | antipasto > S. 46 f. |
| Wasser | acqua |
| würzen | condire, drogare |
| zäh | duro |
| Zahnstocher | lo stuzzicadenti |
| Zitrone | il limone |
| (ohne) Zucker | (senza) zucchero |

| | | | |
|---|---|---|---|
| insalata | i fagioli | peperoncini verdi | peperoni |
| pomodori | cetriolo | cavolfiore | broccoli |
| carciofi | champignon | melanzane | sedano |
| patate | cipolla | aglio | zenzero |
| l'avocado m | carote | cavolo | porro |
| aspạragi | lenticchie | zucca | zucchini |
| piselli | i ceci | spinaci | il mais, granturco |
| salvia | menta | prezzemolo | rosmarino |

le albicocche

le banane

l'ananas m

mango

fragola

pesca

il kiwi

l'uva f

mela

le pere

i mirtilli

le ciliegie

i ribes

arancia

il limone

limetta

papaia

cocomero / anguria

il melone

pompelmo

melagrana

le prugne

piccola susina
mirabella

i fichi

i litchi

pompelmo

la noce di cocco

castagna, il marrone

le noccioline americane

i cranberries

frutta secca

frutta secca mista

> *www.marcopolo.de/italienisch*

# ESSEN UND TRINKEN

il pane/il toast

il pane nero

pane integrale

la baguette

il bagel

il brezel

cornetto  (süß!)

le fette croccanti

focaccia

i panini

panino integrale

il pumpernickel

il wafer, la cialda

le ciambelline donut

pasta

il dolce, torta

galletta di riso

il müesli

i cornflakes

lo iogurt

burro

le uova

formaggio

formaggio tipo
gorgonzola

il camembert

formaggio fresco

il latte

formaggio quark alle erbe

formaggio Bonbel

parmigiano

pecorino

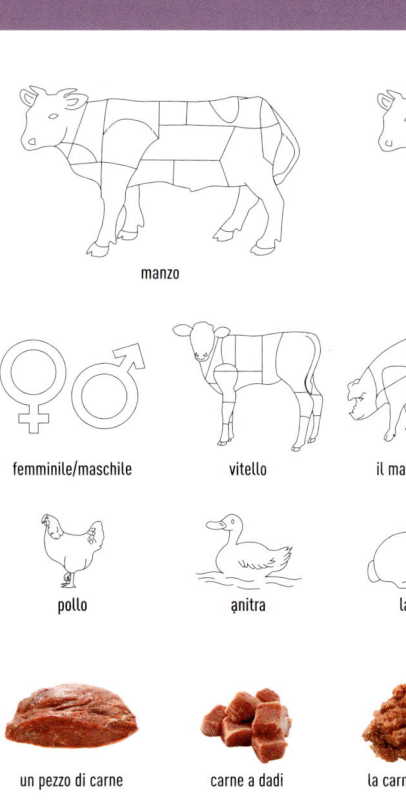

manzo

le interiora, le frattaglie

femminile/maschile

vitello

il maiale, suino

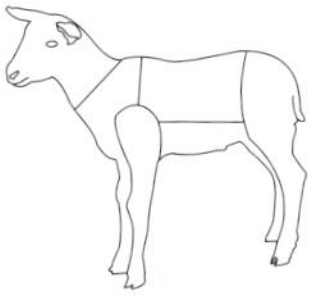

agnello

pollo

anitra

la lepre

il cinghiale

un pezzo di carne

carne a dadi

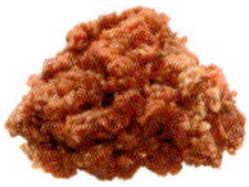

la carne macinata

gli spiedini di carne

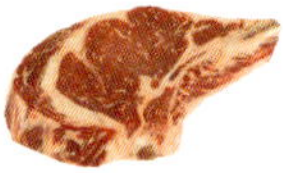

bistecca

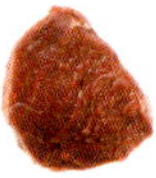

filetto

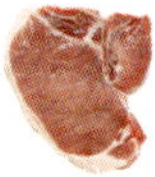

costoletta

il roastbeef

i wurstel

il salume

il salame

prosciutto cotto

prosciutto crudo

lo speck (geräuchert), pancetta (getrocknet)

pollo alla griglia

coscia di pollo

> www.marcopolo.de/italienisch

branzino

trota

tonno

il salmone

le sardine

i granchi

gli scampi

l'astice

le cozze/vongole

i calamari

le ostriche

il caviale

l'acqua minerale
naturale

l'acqua minerale
frizzante

il latte

il latte di soia

succo, spremuta

coca

bevanda energetica

birra

il tè

caffè

cacao

cubetto di ghiaccio

vino rosso

vino bianco

lo spumante/champagne

il cocktail

## PRIMA COLAZIONE | FRÜHSTÜCK

 Zeigebilder: Seite 42 ff.

| | |
|---|---|
| il caffè amaro | schwarzer Kaffee |
| il caffè all'americana | Filterkaffee |
| il caffellatte | Kaffee mit Milch |
| il caffè decaffeinizzato | koffeinfreien Kaffee |
| il tè al latte/al limone | Tee mit Milch/Zitrone |
| bustina del tè | Teebeutel |
| tisana | Kräutertee |
| cioccolata | Schokolade |
| spremuta | (frisch gepresster) Zitrussaft |
| uovo à la coque | weiches Ei |
| uovo al tegamino | Spiegelei |
| le uova strapazzate | Rühreier |
| le uova con lo speck | Eier mit Speck |
| pane/panini/pane tostato (senza glutine) | Brot/Brötchen/Toast (glutenfrei) |
| cornetto | Hörnchen (meist süß) |
| burro | Butter |
| formaggio | Käse |
| i salume affettati | Wurstaufschnitt |
| prosciutto | Schinken |
| il miele | Honig |
| marmellata | Marmelade |
| il müesli | Müsli |
| lo iogurt | Joghurt |
| frutta | Obst |

## ANTIPASTI | VORSPEISEN

| | |
|---|---|
| acciughe/alici sott'olio | in Öl eingelegte Anchovis |
| affettato misto | gemischter Aufschnitt |
| capesante | Jakobsmuscheln |
| crostini | geröstete Weißbrotscheiben mit Gemüse- oder Fleischaufstrich |
| fave e pecorino | (rohe) Saubohnen mit Schafskäse |
| formaggi e marmellatine | Käse mit verschiedenen Marmeladen aus z.B. grünen Tomaten, Zwiebeln, Radicchio, usw. |
| funghi sott'olio | Pilze in Öl |
| insalata di farro | Dinkelsalat |
| pinzimonio | rohes Gemüse mit Vinaigrette |

> **www.marcopolo.de/italienisch**

| | |
|---|---|
| **prosciutto con melone/ con fichi freschi** | roher Schinken mit Melone/frischen Feigen |
| **prosciutto crudo** | roher Schinken |
| **tonno con fagioli** | Thunfisch mit weißen Bohnen |

## ■ PRIMI PIATTI | NUDEL- UND REISGERICHTE/SUPPEN ■

| | |
|---|---|
| **spaghetti** | Spaghetti |
| **– aglio, olio e peperoncino** | Spaghetti mit Knoblauch, Olivenöl und Chili |
| **– al burro / in bianco** | mit Butter |
| **– al cartoccio** | im Backpapier fertig gegart und serviert, meist mit Fischsoße |
| **– alla Bolognese / al ragù** | mit Hackfleischsoße |
| **– alla carbonara** | mit Ei und Speck |
| **– alla napoletana** | mit Tomatensoße (ohne Fleisch) |
| **– al pomodoro** | mit Tomatensoße |
| **– alla puttanesca** | mit Tomatensoße, Oliven und sehr scharfen Gewürzen |
| **– alle vongole** | mit Venus-/Herzmuscheln |
| **agnolotti/ravioli/tortellini** | gefüllte Teigtaschen |
| **cannelloni** | fleischgefüllte Nudelrollen, überbacken |
| **crespelle** | Crêpes mit verschiedenen Fleisch- oder Gemüsefüllungen |
| **fettuccine / tagliatelle** | Bandnudeln |
| **lasagne al forno** | überbackene Bandnudeln mit Fleischfüllung |
| **rigatoni** | gerillte kurze Röhrennudeln |
| **tagliatelle verdi** | grüne Bandnudeln |
| **trenette al pesto** | schmale Bandnudeln mit Basilikumsoße |
| **vermicelli** | Fadennudeln |
| **gnocchi al pomodoro** | Kartoffelklößchen in Tomatensoße |
| **polenta (alla valdostana)** | Maisbrei (mit Schmelzkäse) |
| **risotto alla milanese** | Reisgericht mit Safran |
| **risotto con funghi** | Reisgericht mit Pilzen |
| **capelli d'angelo in brodo** | Fleischbrühe mit Suppennudeln |
| **crema di zucca** | Kürbiscremesuppe |
| **minestra di riso** | Reissuppe |
| **il minestrone** | dicke Gemüsesuppe |
| **pasta e fagioli** | dicke Suppe mit Bohnen und Nudeln |
| **stracciatella** | Einlaufsuppe |
| **zuppa di pane** | Brotsuppe |
| **zuppa di pesce** | Fischsuppe |
| **zuppa pavese** | Fleischbrühe mit Toast und Ei |

| | |
|---|---|
| agnello | Lamm |
| agnello di latte | Lammbraten |
| anitra | Ente |
| arrosto di vitello | Kalbsbraten |
| bistecca ai ferri | gegrilltes Steak |
| bollito misto | verschiedene Fleischarten, gekocht |
| capretto | Zicklein |
| tagliata | in Scheiben geschnittenes (Rinder-)Filetkotelett |
| coniglio | Kaninchen |
| cotoletta alla milanese | Wiener Schnitzel |
| cotoletta di maiale | Schweinskotelett |
| fegato | Leber |
| fesa di vitello | Kalbsschnitzel |
| la lepre | Hase |
| lingua | Zunge |
| il maiale | Schweinefleisch |
| lombata di vitello | Kalbslendchen |
| manzo / bue | Rindfleisch |
| il montone | Hammel |
| oca | Gans |
| ossobuco | Kalbshaxenscheibe mit Soße |
| petti di pollo | Hühnerbrust |
| il piccione | Taube |
| pollo | Huhn |
| pollo arrosto | Brathuhn |
| le polpette (svizzere) | deutsches Beefsteak, Hamburger |
| i rognoni | Nieren |
| i saltimbocca alla romana | kleine Kalbsschnitzel mit Schinken und Salbei |
| le scaloppine di vitello | kleine Kalbsschnitzel |
| spezzatino | Gulasch mit Tomaten |
| stufato | Schmorbraten |
| tacchino | Truthahn |
| trippa | Kutteln |
| vitello | Kalbfleisch |
| lo zampone | gefüllter Schweinsfuß |

# SPEISEKARTE

## ■PESCE E CROSTACEI | FISCH UND SCHALTIERE ■■■■■■■■

 Zeigebilder: Seite 45

| | |
|---|---|
| anguilla | Aal |
| aragosta | Languste |
| i calamari | Tintenfische |
| le cozze / vongole | Muscheln |
| i datteri di mare | Dattelmuscheln |
| fritto di pesce | gebackene Fischchen |
| i frutti di mare | verschiedene Meerestiere |
| gambero, granchio | Krebs, Krabbe |
| il pesce spada | Schwertfisch |
| coda di rospo | Seeteufel |
| passera di mare | Scholle |
| polpo | Oktopus |
| il salmone | Lachs |
| scampi fritti | gebackene kleine (See-)Krebse |
| sgombro | Makrele |
| sogliola | Seezunge |
| triglia | Barbe |
| tonno | Thunfisch |
| trota | Forelle |

## ■VERDURA E CONTORNI | GEMÜSE UND BEILAGEN ■■■■■■■■

 Zeigebilder: Seite 41

| | |
|---|---|
| gli asparagi | Spargel |
| bietola | Mangold |
| i broccoli | Brokkoli |
| i carciofi | Artischocken |
| le carote | Karotten, Möhren |
| il cavolfiore | Blumenkohl |
| cavolo | Kohl |
| cipolla scalogna | Schalotte |
| le taccole | Zuckererbsen |
| i fiori fritti | frittierte Zucchiniblüten |
| cicoria belga | Chicorée |
| i fagioli | weiße Bohnen |
| i fagiolini | grüne Bohnen |
| finocchi | Fenchel |
| i funghi | Pilze |

| le lenticchie | Linsen |
| le melanzane | Auberginen |
| le patate | Kartoffeln |
| le patatine fritte | Bratkartoffeln, Pommes frites |
| i peperoni | Paprikaschoten |
| i piselli | Erbsen |
| i pomodori | Tomaten |
| i ravanelli | Radieschen |
| sedano | Sellerie |
| gli spinaci | Spinat |
| gli zucchini | Zucchini |

## ▮ INSALATE | SALATE

| insalata mista | gemischter Salat |
| insalata verde | grüner Salat |
| radicchio | roter Kopfsalat |
| scarola | Endivie |
| valeriana | Feldsalat |

## ▮ UOVA | EIERSPEISEN

| frittata | Omelett, Pfannkuchen |
| uova al tegame | Spiegeleier |
| uova sode | harte Eier |
| uova strapazzate | Rühreier |

## ▮ FORMAGGI | KÄSE

 Zeigebilder: Seite 43

| bel paese | milder Weichkäse |
| gorgonzola | pikanter Fettkäse mit grünem Schimmel |
| gruviera | Emmentaler Käse |
| mozzarella | frischer Büffelkäse |
| parmigiano / grana | Parmesankäse |
| pecorino | Schafskäse |
| provolone (affumicato) | Büffelkäse, pikant (und geräuchert) |
| ricotta | Quark |
| stracchino | milder Streichkäse |
| taleggio | weißer Fettkäse |

# SPEISEKARTE

## ■ DOLCI E FRUTTA | NACHSPEISEN UND OBST ■

 Zeigebilder: Seite 42 f.

| | |
|---|---|
| budino | Pudding |
| crème caramel | Karamellpudding |
| cassata | Eisschnitte mit kandierten Früchten |
| gelato | Eis |
| macedonia | Obstsalat |
| tiramisu | Biskuitgebäck |
| zabaione | Eiercreme |
| zuppa inglese | Biskuit mit Vanillecreme |
| albicocca | Aprikose |
| arancia | Orange |
| ciliegie | Kirschen |
| cocomero / anguria | Wassermelone |
| fichi | Feigen |
| fragole | Erdbeeren |
| lamponi | Himbeeren |
| mela | Apfel |
| melone | Honigmelone |
| mirtilli rossi | Preiselbeeren |
| pera | Birne |
| pesca | Pfirsich |
| prugna/susina | Pflaume |
| uva | Trauben |

## ■ GELATI | EIS ■

| | |
|---|---|
| albicocca | Aprikoseneis |
| cioccolata | Schokoladeneis |
| coppa assortita | gemischter Eisbecher |
| coppa con panna | Eisbecher mit Sahne |
| fior di latte | Sahneeis |
| fragola | Erdbeereis |
| lampone | Himbeereis |
| limone | Zitroneneis |
| mirtilli | Heidelbeereis |
| nocciola | Haselnusseis |
| tartufo | Vanilleeis mit Schokoladenüberzug |
| vaniglia/crema | Vanilleeis |

## ■ BEVANDE ANALCOLICHE | ALKOHOLFREIE GETRÄNKE

| | |
|---|---|
| acqua minerale | Mineralwasser |
| acqua di seltz | Selterswasser |
| amarena | Kirschsaft |
| aranciąta | Orangeade |
| gassosa | Brause, Sprudel |
| spremuta di limone | frisch gepresster Zitronensaft |
| succo di frutta | Fruchtsaft |
| succo di mele | Apfelsaft |
| succo di pomodoro | Tomatensaft |
| succo d'uva | Traubensaft |

## ■ CAFFETTERIA | CAFETERIA

| | |
|---|---|
| il caffè, espresso | kleiner, starker Kaffee ohne Milch |
| il caffè macchiąto | kleiner, starker Kaffee mit Milch |
| cappuccino | Kaffee mit schaumig geschlagener Milch |
| camomilla | Kamillentee |
| il tè al latte/limone | Tee mit Milch/Zitrone |
| cioccolata con panna | Trinkschokolade mit Schlagsahne |

## ■ VINI | WEIN

| | |
|---|---|
| Aleątico | süßer Rotwein aus der Toskana |
| Asti spumante | piemontesischer Schaumwein |
| Barbera | ziemlich herber piemontesischer Rotwein |
| Bardolino | roter Tischwein aus der Gegend des Gardasees |
| Chiąnti | ziemlich schwerer Rotwein aus der Toskana |
| Frascati | nicht sehr süßer Weißwein (Castelli bei Rom) |
| Grignolino | herber piemontesischer Rotwein |
| Làcrima Christi | ziemlich süßer, schwerer Rotwein (Neapel) |
| Lambrusco | etwas prickelnder Rotwein (Modena–Bologna) |
| Marino | herber Weißwein aus den „Castelli Romani" |
| Marsala | schwerer süßer Wein aus Sizilien |
| Moscato | Gewürzwein, Muskateller |
| Orvięto | feiner süßer oder herber Weißwein |
| Ruffino | toskanischer Rotwein |
| Valpolicella | Veroneser Rotwein |

> www.marcopolo.de/italienisch

# GETRÄNKEKARTE

## ■ BIRRE | BIER

| | |
|---|---|
| **birra scura/chiạra** | dunkles/helles Bier |
| **birra forte/birra alla spina** | Bockbier/Bier vom Fass |

## ■ LIQUORI | SCHNÄPSE UND LIKÖRE

| | |
|---|---|
| **amaro** | Magenbitter |
| **grappa** | klarer Traubenschnaps |
| **sambuca** | Likör mit Anisgeschmack |
| **Vẹcchia Romagna** | italienischer Kognak |

# WIE DIE EINHEIMISCHEN

### ▶▶ Essenszeiten

Egal, wann man morgens aufgestanden oder wie der Tag gelaufen ist: Auch am Wochenende oder im Urlaub ist es gänzlich unvorstellbar, vor 19:30–20:00 Uhr zu Abend zu essen – und je südlicher im Stiefel, desto später.

### ▶▶ Inklusive?

Auf den Speisekarten wird meist ein Preis für das *coperto* („Gedeck") angegeben. Dieser Betrag ist immer zu bezahlen, unabhängig vom Umfang Ihrer Bestellung. Dafür wird für die Brötchen und *grissini*, die bei jeder italienischen Mahlzeit auf dem Tisch stehen, nichts berechnet.

### ▶▶ Trinkgeld

Es ist üblich, im Restaurant, Café oder auch im Taxi zunächst nur den Rechnungs-betrag zu bezahlen. Auf den Hinweis „stimmt so!"= *va bene così!* reagiert kein italienischer Kellner. Es bleibt Ihnen überlassen, dann noch ein Trinkgeld zu geben.

### ▶▶ Caffè ≠ Kaffee!

Wenn Sie in Italien einen caffè bestellen, bekommen Sie keinen „Kaffee", wie Sie ihn gewohnt sind, sondern einen Espresso. Davon gibt es allerdings einige Varianten: Beim *caffè doppio* handelt es sich um zwei *espressi*, der *caffè lungo* ist mit Wasser gestreckt, der *caffè macchiato* wird mit ein wenig Milch serviert und den *caffè corretto* trinkt man mit einem Schuss Alkohol, wie z. B. einer Grappa, einer Sambuca, einem Fernet oder einer Vecchia Romagna. Den von den Deutschen so geliebten *cappuccino* trinken die Italiener nie nach dem Essen oder am Nachmittag, sondern nur zum Frühstück.

## > ERFOLGREICH SHOPPEN

Mal ist es der schicke Schuh oder das schöne Souvenir, mal die Zahnbürste oder das Vollkornbrot – jetzt sind Sie für alle Eventualitäten gerüstet. Plus: praktische Zeigebilder

### ■ IM GESCHÄFT | AL NEGOZIO ■

| | |
|---|---|
| Danke, ich sehe mich nur um. | Grazie, volevo solo dare un'occhiata. |
| Wo finde ich ...? | Dove si può trovare …? |
| Ich möchte ... | Vorrei … |
| Haben Sie ...? | Ha …? |
| Nehmen Sie Kreditkarten? | Accetta carte di credito? |
| Wie viel kostet es? | Quanto costa? |
| Das ist aber teuer! | Ma è caro! |
| Können Sie am Preis noch etwas machen? | Può farmi uno sconto? |

# EIN KAUFEN

| | |
|---|---|
| Ich zahle höchstens … | Pago al massimo … |
| Ich nehme es. | Lo prendo. |
| Können Sie mir ein ...geschäft empfehlen? | Mi può indicare un negozio di …? |

**ÖFFNUNGSZEITEN** ORARIO D'APERTURA

| | |
|---|---|
| offen | aperto |
| geschlossen | chiuso |
| Betriebsferien | chiuso per ferie |

ufficio turistico

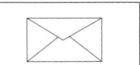
ufficio postale

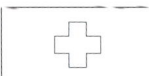
farmacia

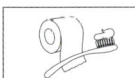
profumeria

panificio

fruttivendolo

macelleria

negozio di prodotti biodinamici

negozio di calzature

ottico

gioielleria

pelletteria

l'elettricista m

negozio specializzato in computer

gli articoli fotografici

negozio di cellulari

giornalaio

libreria

negozio di dischi

negozio di giocattoli

fiaschetteria

rivendita di prodotti alcolici, bottiglieria

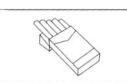
tabaccaio

gli articoli sportivi

fioraio

il parrucchiere

articoli casalinghi

agenzia viaggi

| | |
|---|---|
| **Einkaufszentrum** | centro commerciale |
| **Flohmarkt** | mercato delle pulci |
| **Kaufhaus** | il grande magazzino |
| **Markt** | mercato |
| **Reiseandenken** | i souvenirs |
| **Supermarkt** | supermercato |

> *www.marcopolo.de/italienisch*

# EINKAUFEN

 **APOTHEKE** | FARMACIA

> Arzt: Seite 104 ff.

| | |
|---|---|
| **Wo ist die nächste Apotheke?** | Dov'è la farmacia piú vicina? |
| **Geben Sie mir bitte etwas gegen …** | Mi dia qualcosa contro …, per favore. |
| **Dieses Mittel ist rezeptpflichtig** | Ci vuole una ricetta per questa medicina. |

**MAN NEHME …** PRENDERE …

| | |
|---|---|
| **innerlich** | per uso interno |
| **äußerlich** | esterno, esteriore |
| **einnehmen** | prendere |
| **auf nüchternen Magen** | a stomaco vuoto |
| **vor dem Essen** | prima dei pasti |
| **nach dem Essen** | dopo i pasti |
| **im Mund zergehen lassen** | far sciogliere in bocca |

 weiter auf Seite 60

# WIE DIE EINHEIMISCHEN

*Insider Tipps*

### Kassenbon
Die italienische Finanzpolizei ist eine der schärfsten Europas. Im Umkreis von bis zu 100 m vom Verkaufsort können Polizeikontrollen bei Kunden stattfinden. Bei fehlendem Kassenbon *(ricevuta fiscale)* wird der Kunde genauso verantwortlich gemacht wie der Verkäufer. Bewahren Sie also den Kassenzettel immer gut auf!

### Blauer Dunst
Nur Bars oder Fachgeschäfte mit einer Lizenz dürfen Tabakwaren führen. Man erkennt sie an dem großen blauen Schild mit einem weißen "T" neben der Eingangstür.

### Drogerieartikel
Den Ladentyp „Drogerie" gibt es in Italien nicht. Drogerieartikel findet man teils in Supermärkten, teils in Parfümerien *(profumeria)*, in Apotheken *(farmacia)* oder in Haushaltswarengeschäften *(mesticheria, casalinghi)*.

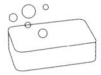
il sapone

il deodorante

crema

carta igienica

spazzolino da denti

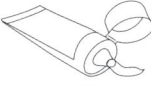
dentifricio

filo interdentale

i fazzoletti di carta

lo shampoo

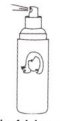
la frizione

il pettine/spazzola per i capelli

specchio

limetta

le pinzette

le forbici per le unghie

profumo

il tampone

gli assorbenti

il mascara

rossetto

la lametta

rasoio

la lozione dopobarba

i preservativi,
profilattico

crema solare

borsa dell'acqua calda

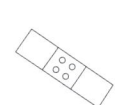
cerotto

l'oropax

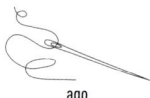
ago

filo

spillo di sicurezza

il bottone

## ELEKTRO/COMPUTER/FOTO
APPARECCHI ELETTRICI/COMPUTER/FOTOGRAFIA

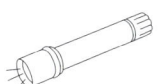
lampadina tascabile

lampadina
(ad incandescenza)

batteria

l'adattatore m

il computer portatile

cavo ricarica
(computer portabile)

il CD/DVD

il memorystick

la stampante

lo scannerizzatore

il cellulare/telefonino

cavo ricarica (cellulare)

il televisore

la radio

il player mp3/iPod

cuffia

macchina fotografica
digitale

teleobiettivo

accumulatore

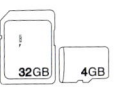
scheda di memoria

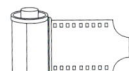
il film

diapositiva

macchina fotografica/
cinepresa subacquea

cinepresa

sveglia

rasoio elettrico

spazzolino elettrico

il fon

| | |
|---|---|
| Abführmittel | lassativo |
| Antibabypillen | le pillole anticoncezionali |
| Antibiotikum | antibiotico |
| Aspirin | aspirina |
| Augentropfen | le gocce per gli occhi, collirio |
| Beruhigungsmittel | il calmante |
| Brandsalbe | pomata per le scottature |
| Desinfektionsmittel | il disinfettante |
| Elastikbinde | benda elastica |
| Fieberthermometer | termometro |
| Gegengift | antidoto |
| Gurgelwasser | la soluzione per gargarismi |
| Halstabletten | le pastiglie per la gola |
| Hustensaft | sciroppo (contro la tosse) |
| Insektenmittel | l'insetticida m |
| Insulin | insulina |
| Jod(tinktur) | tintura di iodio |
| Kamillentee | camomilla |
| Kondom | preservativo, profilattico |
| Kopfschmerztabletten | le compresse contro il mal di testa |
| Kreislaufmittel | medicamento per disturbi circolatori |
| Magentropfen | digestivo in gocce |
| Medikament | medicina, farmaco |
| Mittel | medicina |
| Mullbinde | fascia di garza |
| Nebenwirkungen | le reazioni secondarie |
| Ohrentropfen | le gocce per gli orecchi |
| Pflaster | cerotto |
| Puder | cipria, borotalco |
| Rezept | ricetta |
| Salbe | pomata |
| Schlaftabletten | i sonniferi |
| Schmerztabletten | le compresse contro il dolore, gli analgesici |
| Sonnenbrand | scottatura (solare) |
| Tablette | compressa |
| Traubenzucker | glucosio |
| Tropfen | le gocce |
| Zäpfchen | supposta |

# EINKAUFEN

## ■ FRISEUR | IL PARRUCCHIERE

| | |
|---|---|
| **Kann ich mich für morgen anmelden?** | Posso prendere un appuntamento per domani? |
| **Schneiden mit/ ohne Waschen, bitte.** | Tagliare e/senza lavare, per favore. |
| **Nicht zu kurz/Ganz kurz/ Etwas kürzer, bitte.** | Non troppo corti/Molto corti/ Un po' più corti, per favore. |
| **Rasieren, bitte.** | La barba, per favore. |
| **Stutzen Sie mir bitte den Bart.** | Mi spunti la barba, per favore. |
| **Vielen Dank. So ist es gut.** | Grazie. Va bene così. |

| | |
|---|---|
| **Augenbrauen zupfen** | depilare le sopracciglia |
| **Bart** | barba |
| **blond** | biondo |
| **färben** | tingere |
| **föhnen** | asciugare con il fon |
| **frisieren** | pettinare |
| **Frisur** | pettinatura |
| **glätten** | stirare |
| **Haar** | i capelli |
| **Haarschnitt** | taglio |
| **kämmen** | pettinare |
| **Locken** | i ricci |
| **Pony** | frangetta |
| **Scheitel** | riga |
| **Schnurrbart** | i baffi |

# WIE DIE EINHEIMISCHEN

Insider Tipp

**» Verwöhnprogramm**

In Italien gibt es noch echte Barbiere, die ihren Kunden ganz klassisch mit Rasierpinsel und -messer zu Leibe rücken. Von Treviso bis Palermo können Sie sich neben Schnitt und Rasur genüsslich entspannen; denn es wird ein vielseitiges Schönheitsprogramm geboten wie Gesichts- und Kopfhautmassage, Haarverdichtung und -verlängerung und Vieles mehr.

Ihre Kundinnen, die schon ein bisschen der italienischen Sprache mächtig sind und dann noch eine Schwäche für romantische Geschichten haben, verwöhnen die Barbiere nicht nur mit aktuellen Frisuren, sondern auch mit gnadenlos kitschigen Fotoromanen, die in Hülle und Fülle zum Lesen bereitliegen.

| Schuppen | forfora |
|---|---|
| Spitzen schneiden | tagliare le punte |
| Strähne | ciocca di capelli; (getönt) le meches |
| Stufen | capelli scalati |
| tönen | tingere |

## ■ KLEIDUNG | ABBIGLIAMENTO

| Können Sie mir ... zeigen? | Mi può mostrare … ? |
|---|---|
| Kann ich es anprobieren? | Posso provarlo? |
| Welche (Konfektions-)Größe haben Sie? | Che taglia porta? |
| Das ist mir zu ... | Questo mi è troppo … |
|   eng/weit. |   stretto/largo. |
|   kurz/lang. |   corto/lungo. |
|   klein/groß. |   piccolo/grande. |
| Das passt gut. | Va bene. |
| Ich nehme es. | Lo prendo. |
| Das ist nicht ganz, was ich möchte. | Non è proprio quello che volevo. |
| Danke, ich denke nochmals darüber nach. | Grazie, devo ripensarci un po'. |

# WIE DIE EINHEIMISCHEN

**Insider Tipps**

▶▶ **Keine Angst!**

In Italien muss man bei den Konfektionsgrößen für Damen mindestens zwei Nummern aufschlagen:

| deutsch | italienisch | | deutsch | italienisch |
|---|---|---|---|---|
| 34 | 38-40 | | 42 | 46-48 |
| 36 | 40-42 | | 44 | 48-50 |
| 38 | 42-44 | | 46 | 50-52 |
| 40 | 44-46 | | 48 | 52-54 |

Die italienischen Herrengrößen entsprechen den deutschen.

▶▶ **„.... wie ein Handschuh!"**

*Calza come un guanto* heißt „es passt wie angegossen".

maglietta

il pullover, il maglione

maglia con cappuccio

giacca

i pantaloni, i calzoni

i pantaloncini, gli shorts

gonna

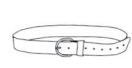
cintura

camicetta

camicia

giacca

giacca di lana, il golf

abito

vestito

il tailleur

cappotto, soprabito

il collant, calzamaglia

biancheria intima

accappatoio

i calzini/le calze

il costume da bagno

il costume da bagno

il bikini

berretto

cappello

i guanti

lo scialle; sciarpa

> Eine ausführliche Übersicht von Lebensmitteln und Gerichten finden Sie im Kapitel ESSEN UND TRINKEN auf Seite 41 ff.

| Geben Sie mir bitte ... | Mi dia …, per favore. |
|---|---|
| ein Pfund (500 g) ... | mezzo chilo di… |
| ein Kilo ... | un chilo di … |
| ein Stück von ... | un pezzo di … |
| eine Packung ... | un pacco di … |
| eine Dose ... | una scatola di … |
| eine Flasche ... | una bottiglia di … |
| eine Einkaufstüte. | un sacchetto/una sportina. |
| Danke, das ist alles. | Nient'altro, grazie. |

| | |
|---|---|
| Backwaren | pane e pasticceria ➤ S. 43, 46 |
| Biokost | cibo biologico |
| Brot | il pane ➤ S. 43, 46 |
| Butter | burro ➤ S. 43, 46 |
| Eier | le uova ➤ S. 43, 46 |
| Eis | gelato ➤ S. 51 |
| Essig | aceto |
| Fisch | il pesce ➤ S. 45, 48 f. |
| Fleisch | la carne ➤ S. 44, 48 |
| frisch | fresco |
| Gemüse | verdura ➤ S. 41, 49 f. |
| Getränke | bevande ➤ S. 45, 52 f. |
| Kaffee | il caffè ➤ S. 46, 52 f. |
| Käse | formaggio ➤ S. 43, 50 |
| Margarine | margarina |
| Marmelade | marmellata ➤ S. 46 |
| Mehl | farina |

# WIE DIE EINHEIMISCHEN

**Insider Tipp**

>> **Bitte Nummer ziehen!**

Ein Tipp: Wenn Sie einkaufen gehen (z. B. beim Bäcker, Metzger ...), ziehen Sie gleich einen Bon aus dem Nummernspender. Anhand der digitalen Anzeige über der Theke kann man dann ungefähr abschätzen, wann man an der Reihe ist, und in der Wartezeit eventuell schon andere Dinge besorgen.

> *www.marcopolo.de/italienisch*

| | |
|---|---|
| Milchprodukte | i latticini > S. 43 |
| Nudeln | pasta |
| Obst | la frutta > S. 42, 51 |
| Öl | olio |
| Pfeffer | il pepe |
| Sahne | panna |
| Salz | il sale |
| Schokolade | cioccolata |
| Süßigkeiten | i dolciumi > S. 50 f. |
| Vollkorn | grano integrale |
| Würstchen | le salsicce |
| (ohne) Zucker | (senza) zucchero |

## OPTIKER | OTTICO

| | |
|---|---|
| Würden Sie mir bitte diese Brille / das Gestell reparieren? | Mi potrebbe aggiustare, questi occhiali / la montatura, per favore? |
| Ich bin kurzsichtig/weitsichtig. | Sono miope/presbite. |
| Wie ist Ihre Sehstärke? | Che capacità visiva ha? |
| rechts plus/minus ..., links ... | destra più/meno ..., sinistra ... |
| Wann kann ich die Brille abholen? | Quando posso venire a pre.ndere gli occhia.li? |
| Ich brauche ... | Ho bisogno di ... |
| Aufbewahrungslösung | soluzione per la conservazione |
| Reinigungslösung | soluzione detergente |
| für harte/weiche Kontaktlinsen. | per lenti a contatto rigide/morbide. |
| Ich suche ... | Vorrei ... |
| eine Sonnenbrille. | un paio di occhiali da sole. |
| ein Fernglas. | un binocolo. |

## SCHMUCKWAREN | DAL GIOIELLIERE

| | |
|---|---|
| Meine Uhr geht nicht mehr. Können Sie mal nachsehen? | Il mio orologio non va più. Potrebbe darci un'occhiata? |
| Ich möchte ein schönes Andenken/Geschenk. | Vorrei un bel souvenir/regalo. |
| Anhänger | ciondolo |
| Armband | braccialetto |

| | |
|---|---|
| Armbanduhr | orologio da polso |
| Brosche | spilla |
| echt | vero |
| (Edel-)Stein | pietra (preziosa) |
| Gold | oro |
| Kette | collana, catena |
| Kristall | cristallo |
| Modeschmuck | bigiotteria |
| Ohrringe | gli orecchini |
| Perle | perla |
| Ring | anello |
| Schmuck | gioiello |
| Silber | argento |
| wasserdicht | impermeabile |

## ■ SCHUHGESCHÄFT | NEGOZIO DI CALZATURE

| | |
|---|---|
| **Ich hätte gern ein Paar ...schuhe.** | Senta, vorrei un paio di scarpe da ... |
| **Ich habe Schuhgröße ...** | Ho il numero ... |
| **Sie sind zu eng/weit.** | Sono troppo strette/larghe. |

| | |
|---|---|
| (mit) Absatz | (con) il tacco |
| Damenschuh | scarpa da donna |
| Leder-/Gummisohle | suola di cuoio/gomma |
| Männerschuh | scarpa da uomo |
| Mokassin | mocassino |
| Sandalen | i sandali |
| Stiefel | gli stivali |
| Turnschuhe | le scarpe da ginnastica |
| Wander-/Trekkingschuh | scarpa da trekking |

## ■ SOUVENIRS | SOUVENIR

| | |
|---|---|
| **Ich hätte gern ...** | Vorrei ... |
| **ein schönes Andenken.** | un bel souvenir. |

**> www.marcopolo.de/italienisch**

| | |
|---|---|
| etwas Typisches aus dieser Gegend. | un oggetto tipico della zona. |
| Ich möchte etwas Preisgünstiges. | Vorrei spendere il giusto. |
| Das ist aber hübsch. | Questo sì che è carino. |
| Danke schön, ich habe nichts gefunden , das mir gefällt. | Grazie, ma non ho trovato niente che mi piaccia. |

| | |
|---|---|
| echt | vero |
| handgemacht | lavorato a mano |
| Keramik | ceramica |
| Mitbringsel | regalino |
| regionale Produkte/ Spezialitäten | i prodotti / le specialità regionali |
| Schmuck | gioiello |
| Töpferwaren | il vasellame |

## SCHREIBWAREN UND BÜCHER | CANCELLERIA E LIBRI

| | |
|---|---|
| Ich hätte gern ... | Vorrei … |
| eine deutsche Zeitung. | un giornale tedesco. |
| eine Zeitschrift. | una rivista. |
| einen Reiseführer. | una guida turistica. |
| einen deutschen/englischen Roman. | un romanzo tedesco/inglese. |
| einen Kriminalroman. | un giallo. |
| einen Reiseführer. | una guida. |

| | |
|---|---|
| Bleistift | matita |
| Briefmarke | francobollo |
| Briefumschlag | busta |
| Kochbuch | libro di cucina |
| Kugelschreiber | la biro |
| Landkarte | carta geografica |
| Postkarte | cartolina postale |
| Radiergummi | gomma |
| Stadtplan | pianta della città |
| Wanderkarte dieser Gegend | mappa dei sentieri di questa zona. |
| Zeichenblock | album da disegno |
| Zeitschrift | periodico |
| Zeitung | il giornale |

![Hotelzimmer mit Badewanne und Bett]

## > ZIMMER MIT AUSSICHT

Ob W-LAN im Hotel, die Kinderbetreuung in der Ferienanlage,
die Rechnung per Kreditkarte – alles nur eine Frage des Service.
Äußern Sie Ihre Wünsche!

# AUSKUNFT

 Reiseplanung: Seite 8 f.

| Können Sie mir bitte ... | Scusi signora/signorina/signore, |
|---|---|
| empfehlen? | potrebbe consigliarmi … |
| ein gutes Hotel | un buon albergo? |
| eine Pension/ein Zimmer | una pensione?/una camera? |
| einen Campingplatz | un campeggio? |
| eine Jugendherberge | un ostello della gioventù? |

# ÜBER NACHTEN

## ... IM HOTEL

| | |
|---|---|
| Ich habe bei Ihnen ein Zimmer reserviert. Mein Name ist ... | Ho prenotato una camera. Il mio nome è ... |
| Haben Sie noch Zimmer frei? | Ha camere libere? |
| ... für eine Nacht. | ... per una notte. |
| ... für zwei Tage. | ... per due giorni. |
| ... für eine Woche. | ... per una settimana. |

| | |
|---|---|
| Nein, leider nicht. | No, purtroppo no. |
| Ja, was für ein Zimmer wünschen Sie? | Sì, che tipo di camera desidera? |
|   ein Einzelzimmer | una singola |
|   ein Doppelzimmer | una matrimoniale |
|   mit Dusche | con doccia |
|   mit Bad | con bagno |
|   ein ruhiges Zimmer | una camera tranquilla |
|   mit Blick aufs Meer | con vista sul mare |
| Kann ich das Zimmer ansehen? | Posso vedere la camera? |
| Können Sie noch ein drittes Bett dazustellen? | Può aggiungere un altro letto? |
| Was kostet das Zimmer mit ... | Quanto costa la camera … |
|   Frühstück? | con la prima colazione? |
|   Halbpension? | a mezza pensione? |
|   Vollpension? | a pensione completa? |
| Ab wann gibt es Frühstück? | Da che ora si può fare colazione? |
| Wo ist das Restaurant? | Dov'è il ristorante? |
| Wecken Sie mich bitte morgen früh um ... Uhr. | Mi svegli domattina alle …, per favore. |
| Bitte meinen Schlüssel. | Per favore, la mia chiave. |

> Frühstück: ESSEN UND TRINKEN auf Seite 46

## ■ BEANSTANDUNGEN | RECLAMI

| | |
|---|---|
| Das Zimmer ist heute nicht geputzt worden. | La camera non è stata pulita oggi. |
| Die Dusche ... | La doccia … |
| Die Spülung ... | Lo sciacquone … |
| Die Heizung ... | Il riscaldamento … |
| Das Licht ... | La luce … |
|   funktioniert nicht. | non funziona. |
| Es kommt kein (warmes) Wasser. | Non c'è acqua (calda). |
| Die Toilette/Das Waschbecken ist verstopft. | Il gabinetto/Il lavandino è intasato. |

> www.marcopolo.de/italienisch

# ÜBERNACHTUNG

■ **ABREISE** | PARTENZA ■■■■■■■■■■■■■■■■■■■■■■

| | |
|---|---|
| Wann muss ich spätestens auschecken? | Quando devo fare al massimo il check out? |
| Ich möchte bitte auschecken. | Vorrei fare il check out. |
| Ich reise heute Abend/ morgen um ... Uhr ab. | Parto stasera/domani alle … |
| Nehmen Sie Kreditkarten? | Accetta carte di credito? |
| Vielen Dank für alles! Auf Wiedersehen! | Grazie di tutto. Arrivederci! |

| | |
|---|---|
| Abendessen | cena |
| Adapter | l'adattatore m |
| Badezimmer | bagno |
| Bett | letto |
| Bettwäsche | biancheria da letto |
| Dusche | doccia |
| Etage | piano |
| Fenster | finestra |
| Frühstück | la colazione |
| Frühstücksraum | sala per la colazione |
| Halbpension | la mezzapensione |
| Handtuch | asciugamano |
| Hauptsaison | alta stagione f |
| Heizung | riscaldamento |
| Kinderbett | lettino (per bambini) |
| Klimaanlage | aria condizionata |
| Kopfkissen | cuscino |
| Mittagessen | pranzo, il desinare |
| Nachsaison | bassa stagione f |
| Nachttisch | comodino |
| Nachttischlampe | lampada del comodino |
| Pension | la pensione |
| Portier | il portiere |
| Radio | la radio |
| reinigen | pulire |
| Reservierung | la prenotazione |
| Restaurant | ristorante |
| Rezeption | l'accettazione, la reception |
| Safe | la cassaforte |
| Schlüssel | la chiave |
| Schrank | armadio |
| Steckdose | presa |

| | |
|---|---|
| Stecker | spina |
| Toilette | gabinetto |
| Toilettenpapier | carta igienica |
| Übernachtung (mit Frühstück) | pernottamento (con colazione) |
| Vollpension | la pensione completa |
| Vorsaison | bassa stagione f |
| Waschbecken | lavandino |
| Wasser | acqua |
| kaltes Wasser | acqua fredda |
| warmes Wasser | acqua calda |
| Wasserhahn | rubinetto |
| Zimmer | camera |

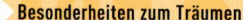

# WIE DIE EINHEIMISCHEN

**Insider Tipps**

> **Besonderheiten zum Träumen**

Italiens Unterkünfte bieten etwas für jeden Geschmack und Geldbeutel. Neben den üblichen Hotels, Apartements und Pensionen gibt es auch ein paar Besonderheiten zum Träumen, z. B. **caffèlletto:** Nach britischem Vorbild (Bed & Breakfast) werden in alten Villen, mittelalterlichen Schlössern und ländlichen Anwesen Übernachtungsmöglichkeiten mit Frühstück angeboten.
Die günstigere Variante davon ist der **agriturismo** (Ferien auf dem Bauernhof).
In ganz Italien gibt es Bauernhöfe – **aziende agrituristiche** –, die Gäste aufnehmen.
Etwas teurer ist das Vergnügen, auch nachts das Meeresrauschen zu hören, in **chalets**, Wohnungen direkt am Strand.

> Die MARCO POLO Reiseführer zu Italien bieten Ihnen eine gute Entscheidungshilfe. Besondere Tipps finden Sie auch auf www.marcopolo.de

> **Alberghi diffusi**

(= verstreute Hotels) sind Teil eines neuen Touristikkonzepts. Sie liegen abseits der überlaufenen Touristenziele, meist in Dörfern im Süden. Man wohnt in restaurierten Villen, Wohn- oder Bauernhäusern. Die Zimmer (meist mit Bad) und Apartments sind auf die Häuser der Dörfer verteilt. Die Räume entsprechen nicht den üblichen Hotelstandards, sondern sind regionaltypisch und individuell gestaltet.
Man bekommt so das Gefühl, bei den Einheimischen zu Hause zu leben, ohne aber auf den gewohnten Hotelkomfort verzichten zu müssen: In höchstens 200 m Entfernung findet man stets ein Service-Center mit der zentralen Rezeption, Restaurants, Schwimmbad, Wellnessbereich oder Sportanlagen.
Weitere Informationen unter: www.alberghidiffusi.it.

 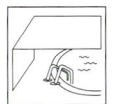  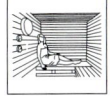  

# ... IM FERIENHAUS

 Reiseplanung: Seite 8 f.

| | |
|---|---|
| Ist der Strom-/Wasserverbrauch im Mietpreis enthalten? | La luce / L'acqua è compresa nel prezzo d'affitto? |
| Sind Bettwäsche und Handtücher vorhanden? | Ci sono le lenzuola e gli asciugamani? |
| Wo und wann kann ich die Schlüssel abholen? | Dove e quando posso ritirare le chiavi? |
| Müssen wir die Endreinigung selbst übernehmen? | Spetta a noi il lavoro di pulizia finale? |

| | |
|---|---|
| **Anreisetag** | giorno d'arrivo |
| **Appartement** | appartamento |
| **Bettwäsche** | biancheria da letto |
| **Bungalow** | il bungalow |
| **Endreinigung** | pulizia finale |
| **Ferienanlage** | centro vacanze |
| **Ferienhaus** | casa per le vacanze |
| **Ferienwohnung** | appartamento per le vacanze |
| **Handtuch** | asciugamano |
| **Hausbesitzer** | il padrone di casa |
| **Haustiere** | gli animali domestici |
| **Kaution** | la cauzione |
| **Kochnische** | cucinino, cucinotto |
| **Miete** | affitto, noleggio |
| **Müll** | immondizia |
| **Mülltrennung** | raccolta differenziata |
| **Nebenkosten** | le spese (accessorie) |
| **Schlafcouch** | divano letto |
| **Schlafzimmer** | camera da letto |
| **Schlüssel** | la chiave |
| **Strom** | la corrente |
| **vermieten** | affittare, noleggiare |
| **Waschmaschine** | la lavatrice |

piatto

i bicchieri

tazza/tazze

portauovo

forchetta

cucchiaio

coltello

cucchiaino

mestolo

la paletta da cucina

ramaiolo

frusta

grattugia

il tagliere

colino

il frullatore

pentola

padella

ciotola/ciotole

cucina a gas

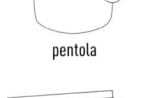

cucina economica/forno

frigorifero

la lavastoviglie

la lavatrice

il bollitore

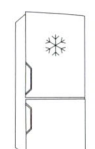

macchina del caffè

filtro per il caffè

il tostapane

l'aspirapolvere

lavapavimento

ferro da stiro

corda per stendere
il bucato

scopa

paletta per
la spazzatura

i prodotti per pulire

secchio

# ... AUF DEM CAMPINGPLATZ

| | |
|---|---|
| Haben Sie noch Platz für einen Wohnwagen/ein Zelt? | C'è ancora posto per una roulotte / una tenda? |
| Wie hoch ist die Gebühr pro Tag und Person? | Quanto si paga al giorno a persona? |
| Wie hoch ist die Gebühr für ... | Quanto si paga per … |
| das Auto? | l'auto? |
| den Wohnwagen? | la roulotte? |
| das Wohnmobil? | il camper? |
| das Zelt? | la tenda? |
| Wir bleiben ... Tage/Wochen. | Rimaniamo … giorni/settimane. |
| Gibt es hier ein Lebensmittelgeschäft? | C'è un negozio di alimentari? |
| Wo sind ... | Dove sono ... |
| die Toiletten? | i servizi igienici? |
| die Waschräume? | i lavandini? |
| die Duschen? | le docce? |
| Gibt es hier Stromanschluss? | C'è una presa di corrente? |

| | |
|---|---|
| Abfallbeutel | sacco delle immondizie |
| Alufolie | foglio di alluminio |
| Benutzungsgebühr | tassa per l'uso |
| Brennspiritus | spirito industriale |
| Camping | camping m, campeggio |
| Campingplatz | campeggio |
| Dosenöffner | l'apriscatole m |
| Essbesteck | le posate |
| Flaschenöffner | l'apribottiglie m |
| Gasflasche | bombola di gas |
| Gaskocher | fornello a gas |
| Geschirrspülbecken | lavandino per i piatti |
| Grill | griglia |
| Grillkohle | carbonella |
| Kerzen | le candele |
| Kocher | fornello |
| leihen | prestare |
| Leihgebühr | tariffa di noleggio |
| Petroleum | petrolio |
| Petroleumlampe | lampada a petrolio |
| Steckdose | presa |
| Stecker | spina |

# ÜBERNACHTUNG

| | |
|---|---|
| Strom | la corrente |
| Stromanschluss | presa di corrente |
| Taschenmesser | temperino, coltello tascạbile |
| Trinkwasser | ạcqua potạbile |
| Voranmeldung | preavviso |
| Wäscheklammern | molletta (per stẹndere la biancherịa) |
| Wasser | ạcqua |
| Wohnmobil | il camper |
| Wohnwagen | la roulotte |
| Zelt | tenda |
| zelten | campeggiare |
| Zeltschnur | lạccio da tenda |
| Zeltstange | palo da tenda |

## ... IN DER JUGENDHERBERGE

| | |
|---|---|
| Kann ich bei Ihnen ... leihen? | Mi può prestare ... |
| ... Bettwäsche | ... la biancherịa da letto? |
| ... einen Schlafsack | ... un sacco a pelo? |
| Die Eingangstür wird um 24 Uhr abgeschlossen. | Il portone d'ingresso viẹne chiụso alle ore 24. |

| | |
|---|---|
| Internet | ịnternet |
| Jugendherberge | ostello della gioventù |
| Jugendherbergsausweis | tẹssera per gli ostelli della gioventù |
| Küche | cucina |
| Mitgliedskarte | tẹssera di sọcio |
| Schlafsaal | dormitọrio |
| Schlafsack | sacco a pelo |
| Waschraum | stanzino da bagno |

## > WAS UNTERNEHMEN WIR?

Ob authentischer Kochkurs, aufregender Trekking-Ausflug oder großer Theaterabend: Lassen Sie sich von den nächsten Seiten helfen, jede Menge Urlaubsabenteuer zu erleben.

## AUSKUNFT

| | |
|---|---|
| Ich möchte einen Stadtplan von ... haben. | Vorrei una pianta di ... |
| Welche Sehenswürdigkeiten gibt es hier? | Che cosa c'è da vedere qui? |
| Gibt es Stadtrundfahrten? | Ci sono dei giri turistici della città? |
| Was kostet die Rundfahrt? | Quanto costa il biglietto? |

# VOLLES PROGRAMM

## SEHENSWÜRDIGKEITEN/MUSEEN

| | |
|---|---|
| **Wann ist das Museum geöffnet?** | Quando è aperto il museo? |
| **Wann beginnt die Führung?** | Quando comincia la visita guidata? |
| **Gibt es auch eine Führung auf Deutsch/Englisch?** | C'è una visita guidata anche in tedesco/inglese? |
| **Ist das ...?** | È questo il …/È questa la …? |

| Altar | l'altare m |
| Altstadt | centro storico |
| Amphitheater | anfiteatro |
| Architektur | architettura |
| Arena | arena |
| Ausgrabungen | gli scavi |
| Ausstellung | mostra, l'esposizione f |
| Besichtigung | visita |
| Bild | quadro |
| Bildhauer | lo scultore |
| Burg | fortezza |
| Denkmal | monumento |
| Dom | duomo |
| Festung | fortezza |
| Fremdenführer | guida turistica, il cicerone |
| Friedhof | cimitero |
| Führung | visita guidata |
| Galerie | galleria (d'arte) |
| Gebäude | edificio |
| Gemälde | dipinto |
| Gottesdienst | messa, la funzione sacra |
| Jahrhundert | secolo |
| Kapelle | cappella |
| Kathedrale | la cattedrale |
| Kirche | chiesa |
| König/in | re / regina |
| Malerei | pittura |
| Maler/in | pittore / pittrice |
| Museum | museo |

# WIE DIE EINHEIMISCHEN

**Insider Tipp**

>> **Jahrhunderte**

Achtung Stolperfalle: In der Kunst- und Literaturgeschichte werden die Jahrhunderte vom 13. Jahrhundert an – anders als wir es gewohnt sind – folgendermaßen bezeichnet: *il Duecento* („das 13. Jahrhundert"), *il Trecento* („das 14. Jahrhundert") usw. bis *il Duemila* („das 21. Jahrhundert"). *Il Duecento* ist also nicht, wie man vermuten könnte, das 12., sondern das 13. Jahrhundert.

> *www.marcopolo.de/italienisch*

# VOLLES PROGRAMM

| | |
|---|---|
| Plastik | scultura |
| Platz | piazza |
| Rathaus | municipio |
| Religion | la religione |
| restaurieren | restaurare |
| Ruine | rovina |
| Schloss | castello |
| Sehenswürdigkeiten | le cose da vedersi, attrazioni |
| Stadtrundfahrt | giro della città |
| Turm | la torre |

# AUSFLÜGE

| | |
|---|---|
| Wann treffen wir uns? | Quando ci incontriamo? |
| Wo ist der Treffpunkt? | Dov'è il punto d'incontro? |
| Kommen wir am/an … vorbei? | Passiamo da …? |
| Besichtigen wir auch …? | Andiamo anche a vedere …? |
| Wann fahren wir zurück? | Quando torniamo? |

| | |
|---|---|
| Ausflug | gita, l'escursione f |
| Aussichtspunkt | il belvedere |
| Berg | il monte |
| Bergdorf | villaggio di montagna |
| Botanischer Garten | giardino botanico |
| Fischerhafen | porto di pesca |
| Fischerort | villaggio di pescatori |
| Fluss | il fiume |
| Freizeitpark | parco divertimenti |
| Gebirge | montagna |
| Geländewagen | il fuoristrada |
| Gipfel | cima |
| Grotte | grotta |
| Höhle | grotta, caverna |
| Inselrundfahrt | giro dell'isola |
| Landesinnere | entroterra |
| Landschaft | paesaggio |
| Markt | mercato |
| Markthalle | mercato coperto |
| Nationalpark | parco nazionale |
| Naturschutzgebiet | parco nazionale |
| Plantagen | le piantagioni |
| Quelle | la sorgente, la fonte |

| | |
|---|---|
| Schlucht | gola |
| See | lago |
| Tagesausflug | gita di un giọrno |
| Vulkan | vulcano |
| Wald | bosco |
| Wallfahrtsort | luogo di pellegrinạggio |
| Wasserfall | cascata |
| Wildpark | riserva di cạccia |
| Zoo | lo zoo |

# AM ABEND

## ▩ KNEIPE/BAR/CLUB | PUB/BAR/CLUB

| | |
|---|---|
| Was kann man hier abends unternehmen? | Che cosa si puo' fare qui la sera? |
| Gibt es hier eine gemütliche Kneipe? | C'è un locale simpạtico da queste parti? |
| Wo kann man hier tanzen gehen? | Dove si può andare a ballare? |
| Welche Musikrichtung wird hier gespielt? | Che tipo di mụsica suọnano qui? |
| Ein Whisky-Soda, bitte. | Un whisky e soda, per favore. |
| Das gleiche noch einmal. | Un'altra/Un altro, per favore. |
| Diese Runde übernehme ich. | Stavolta offro io. |
| Wollen wir tanzen? | Balliamo? |

| | |
|---|---|
| ausgehen | uscire |
| Band | complesso |
| Bar | il bar |
| Club/Diskothek | club/discoteca |
| DJ | DJ |
| Folklore | il folclore |
| Folkloreabend | serata folcloristica |
| Kneipe | osterịa, il pub |
| Live-Musik | mụsica dal vivo |
| Party | party |
| Spielcasino | casinò |
| tanzen | ballare |
| Türsteher | il portiẹre |

# VOLLES PROGRAMM

| | |
|---|---|
| Haben Sie einen Veranstaltungskalender für diese Woche? | Ha un programma delle manifestazioni di questa settimana? |
| Welches Stück wird heute Abend im Theater gespielt? | Scusi, saprebbe dirmi che pezzo danno oggi a teatro? |
| Können Sie mir ein gutes Theaterstück empfehlen? | Mi può consigliare una buona rappresentazione teatrale? |
| Wann beginnt die Vorstellung? | Quando comincia lo spettacolo? |
| Wo bekommt man Karten? | Dove si comprano i biglietti? |
| Bitte zwei Karten für heute Abend. | Due biglietti per stasera, per favore. |
| Kann ich bitte ein Programm haben? | Mi può dare un programma, per favore? |
| Wo ist die Garderobe? | Dov'è il guardaroba? |

| | |
|---|---|
| Ballett | balletto |
| Eintrittskarte | biglietto |
| Festival | il festival |
| Film | il film |
| Kasse | cassa |
| Kino | il cinema |
| Konzert | concerto |
| Oper | opera |
| Premiere | prima |
| Schauspiel | teatro |
| Theater | teatro |
| Veranstaltungskalender | calendario delle manifestazioni |

# WIE DIE EINHEIMISCHEN

**Insider Tipp**

▶ **Nie overdressed**

Lohnenswert ist ein Besuch in einem der vielen alten italienischen Theaterhäuser. Das Programm ist meist sehr vielfältig und reicht von Schauspiel, Ballett und Oper bis zu Jazz- und Popkonzerten.
In etablierten Häusern achtet man auf passende Kleidung, Sie dürfen sich ruhig elegant anziehen, overdressed ist man hier nie!

| Vorstellung | spettącolo |
| Vorverkauf | prevęndita |

## FESTE/VERANSTALTUNGEN | FESTE/MANIFESTAZIONI

| Könnten Sie mir bitte sagen, wann das ...-Festival stattfindet? | Scusi, potrebbe dirmi quando avrà luogo . il Festival .. |
| vom ... bis ... | dal ... al ... |
| jedes Jahr im August | ogni anno in agosto |
| alle 2 Jahre | ogni due anni |

| Dorffest | festa del paese |
| Faschingsdienstag | martedì grasso |
| Festival | il fęstival |
| Giro d'Italia | Giro d'Italia |
| Jahrmarkt | fiera |
| Lanzenrennen | giostra |
| Maifeier | Calendimąggio |
| Mittelalterliches Pferderennen | pąlio |
| Prozession/Umzug | processione/sfilata |

# STRAND UND SPORT

## AM STRAND | ALLA SPIĄGGIA

| Ist die Strömung stark? | È molto forte la corrente? |
| Ist es für Kinder gefährlich? | È pericoloso per i bambini? |
| Wann ist Ebbe/Flut? | Quando vięne la bassa maręa/l'alta maręa? |

| Bademeister | bagnino |
| Badestrand | spiąggia (balenabile) |
| Dusche | dọccia |
| FKK-Strand | spiąggia per nudisti |
| Kiosk | edịcola (Zeitungsstand), chiosco (Verkaufsbude) |
| Kurs | corso |
| Qualle | medusa |
| schwimmen | nuotare |
| Sonnenschirm | l'ombrellone m |
| Strömung | la corrente |
| Umkleidekabinen | cabine |

# VOLLES PROGRAMM

| | |
|---|---|
| Welche Sportmöglichkeiten gibt es hier? | Quali sport si possono praticare qui? |
| Gibt es hier ein/eine ...? | C'è un/una … qui? |
| Wo kann ich ... ausleihen? | Dove posso noleggiare …? |
| Kann ich mitspielen? | Posso giocare anch'io? |
| Ich möchte einen ...kurs für Anfänger/Fortgeschrittene machen. | Vorrei fare un corso di … per principianti/avanzati. |

| | |
|---|---|
| gewinnen | vincere |
| Mannschaft | squadra |
| Niederlage | sconfitta |
| Rennen | corsa |
| Schiedsrichter | arbitro |
| Sieg | vittoria |
| Spiel | partita |
| unentschieden | pari |
| verlieren | perdere |
| Wettkampf | gara |

### WASSERSPORT SPORT ACQUATICO

| | |
|---|---|
| Bootsführerschein | la patente nautica |
| Bootsverleih | noleggio di barche |
| Canyoning | il canyoning |
| Freibad | piscina all'aperto |
| Hallenbad | piscina coperta |
| Hausboot | la house boat |
| Kanu | canoa |
| Motorboot | motoscafo |
| Paddelboot, paddeln | canoa, andare in canoa |
| Regatta | regata |
| Rückholservice | servizio rimpatrio |
| Ruderboot | barca a remi |
| Rudern | canottaggio |
| Schlauchboot | canotto pneumatico |
| Segelboot | barca a vela |
| Segeln | vela |
| Segeltörn | veleggiata, gita in barca a vela |
| Segelschule | scuola vela |
| Surfbrett | tavoletta per il surf |
| Surfen | praticare il surfing |
| Surfschule | scuola surf |

| | |
|---|---|
| Tretboot | pattino a pedali |
| Wasserski | gli sci nautici |
| Wellenreiten | il surf |
| Windsurfen, windsurfen | il windsurf; fare windsurf |

## TAUCHEN NUOTARE SOTT'ACQUA

| | |
|---|---|
| Gerätetauchen | immersione con le bombole |
| Harpune | fiocina |
| Neoprenanzug | la muta in neoprene |
| Sauerstoffgerät | l'ossigenatore, m |
| Schnorchel | il respiratore di superficie |
| schnorcheln | fare lo snorkeling |
| Schwimmflossen | le pinne |
| tauchen | nuotare sott'acqua |
| Taucherausrüstung | attrezzatura da palombaro |
| Taucherbrille | gli occhiali da immersione |
| Tauchschule | scuola immersione |

## ANGELN PESCA

| | |
|---|---|
| Wo kann man hier angeln? | Dove si può pescare? |

| | |
|---|---|
| Angel | pescare |
| angeln | pesca |
| Angelschein | licenza di pesca |
| Hochseefischen | pesca d'alto mare |
| Köder | esca |
| Schonzeiten | periodo di divieto di caccia |

## BALLSPIELE GIOCHI A PALLA

| | |
|---|---|
| Ball | palla, pallone m |
| Basketball | il Basketball, pallacanestro |
| Fußball | calcio |
| Fußballmannschaft | squadra di calcio |
| Fußballplatz | campo da gioco (del calcio) |
| Netz | la rete |
| Tor | porta, il goal |
| Torwart | il portiere |
| Volleyball | la pallavolo |

## TENNIS UND ÄHNLICHES TENNIS E SIMILI

| | |
|---|---|
| Badminton | il badminton, gioco del volano |
| Doppel | doppio |
| Einzel | singolo |
| Federball | volano |

# VOLLES PROGRAMM

| Schläger | racchetta |
| Squash | lo squash |
| Tennis | il tennis |
| Tennisschläger | racchetta |
| Tennishalle | campo da tennis coperto |
| Tennisplatz | campo da tennis |
| Tischtennis | il ping-pong |

## FITNESS- UND KRAFTTRAINING FITNESS E POWER TRAINING

| Aerobic | aerobica |
| Fitnesscenter | centro ginnico |
| joggen | fare jogging |
| Konditionstraining | allenamento per migliorare la forma |
| Yoga | lo yoga |

## WELLNESS BENESSERE

| Dampfbad | bagno turco |
| Massage | massaggio |
| Sauna | sauna |
| Solarium | solario |
| Whirlpool | vasca per idromassaggio |

## RADFAHREN CICLISMO

| Fahrrad | bicicletta |
| Fahrradhelm | casco di protezione |
| Fahrradweg | pista ciclabile, ciclopista |
| Flickzeug | gli accessori per la riparazione di forature |
| Luftpumpe | pompa d'aria |
| Mountainbike | la mountain bike |
| Rad fahren | andare in bicicletta |
| Radrennen | corsa ciclistica |
| Radtour | gita in bicicletta |
| Rennrad | bicicletta da corsa |
| Schlauch | camera d'aria |

## WANDERN UND BERGSTEIGEN TREKKING E ALPINISMO

| Ich möchte eine Bergtour machen. | Vorrei fare una gita in montagna. |
| Können Sie mir eine interessante Route auf der Karte zeigen? | Mi può indicare un itinerario interessante sulla carta? |
| Bergführer | guida alpina |
| Bergsteigen | alpinismo |

| | |
|---|---|
| Fernwanderweg | sentiero per escursioni a lunga distanza |
| Route | percorso, itinerario |
| Seilbahn | funivia, la funicolare |
| Sicherungsseil | corda di sicurezza |
| Tagestour | marcia di un giorno |
| Wandern | camminare |
| Wanderweg | sentiero per escursioni |
| Wanderkarte | mappa dei sentieri |

### REITEN CAVALCARE

| | |
|---|---|
| Ausritt | cavalcata |
| Pferd | cavallo |
| reiten | cavalcare |
| Reiterferien | le vacanze a cavallo |
| Reitschule | scuola di equitazione |
| Reitsport | l'equitazione f; ippica |

### GOLF IL GOLF

| | |
|---|---|
| Golf | il golf |
| eine Runde Golf spielen | giocare una partita a golf |
| Golfschläger | mazza da golf |
| Greenfee | il greenfee |
| Parcours | il parcours, percorso |
| Tagesbesucher | il visitatore giornaliero |
| Übungsplatz | campo allenamento da golf |

### IN DER LUFT ALL'ARIA APERTA

| | |
|---|---|
| Drachenfliegen | lo sport del deltaplano |
| Fallschirmspringen | paracadutismo |
| Gleitschirm | parapendio |
| Paragliding | il paragliding |
| Schleppschirm (am Strand) | parapendio a motore trainante |
| Segelfliegen | volo a vela |

### WINTERURLAUB VACANZE INVERNALI

| | |
|---|---|
| Eine Tageskarte, bitte. | Un (biglietto) giornaliero, per favore. |
| Um wieviel Uhr ist die letzte Bergfahrt/Talfahrt? | A che ora c'è l'ultima salita a monte / discesa a valle? |

| | |
|---|---|
| Bergstation | la stazione a monte |
| Eisbahn | pista per pattinaggio su ghiaccio |
| Eishockey | l'hockey m su ghiaccio |
| Eislauf | pattinaggio su ghiaccio |
| Gondel | cabina |

> www.marcopolo.de/italienisch

# VOLLES PROGRAMM

| | |
|---|---|
| Langlauf | lo sci di fondo |
| Lift | lo sciovia, lo ski-lift |
| Loipe | pista di fondo |
| Schlitten | slitta |
| Schlittschuhe | i pattini (per ghiaccio) |
| Ski | lo sci |
| Ski laufen | sciare |
| Skibindung | attacco |
| Skibrille | gli occhiali da sci |
| Skikurs | corso di sci |
| Skilehrer/in | maestro/a di sci |
| Skistöcke | i bastoni da sci |
| Snowboard | lo snowboard |
| Tagespass | (abbonamento) giornaliero |
| Talstation | la stazione a valle |
| Wochenpass | abbonamento settimanale |

## ◼ KURSE | CORSI

| | |
|---|---|
| Ich interessiere mich für ... | Mi interesserebbe fare ... |
| einen Italienisch-Sprachkurs. | un corso d'italiano. |
| für Anfänger | per principianti |
| für Fortgeschrittene | per avanzati |
| Sind Vorkenntnisse erforderlich? | Sono richieste delle conoscenze preliminari? |
| Bis wann muss man sich anmelden? | Fino a quando ci si deve iscrivere? |
| Sind die Materialkosten inklusive? | I costi per il materiale sono compresi? |
| Was ist mitzubringen? | Cosa si deve portare? |

| | |
|---|---|
| (Akt)Zeichnen | disegno di nudi |
| (Aquarell-)Malen | pittura di acquerello |
| (Bauch-)Tanz | danza del ventre |
| Fotografieren | fotografare |
| Goldschmieden | i lavori d'oreficeria |
| Holzwerkstatt | i lavori di falegnameria |
| Kochen | il cucinare, la cucina |
| Kurs | corso |
| Ölmalerei | pittura a olio |
| Trommeln | il suonare / battere il tamburo |
| Workshop | il workshop |

**Ich bin pappsatt**

**(wörtl. voll wie ein Ei)**

**Sono pieno come un uovo**

> MEHR ALS NUR SPRACHE

Wenn das Wörterbuch schlapp macht und Sie nur noch Bahnhof verstehen, dann handelt es sich um einen klaren Fall von: Achtung! Slang

## WERDEN SIE ZUM INSIDER

Wer kennt Sie nicht, diese Situation: Sie haben in einem fremdsprachigen Land Kontakt gefunden und lauschen angeregt den Gesprächen Ihrer neuen Freunde - und da sind sie, diese mysteriösen Worte, die bei Ihnen nur ein großes Fragezeichen hinterlassen. Denn es gibt jene Vokabeln und Wendungen, die im Wörterbuch stehen, und dann gibt es jene, die auf der Straße gesprochen werden. Aber keine Panik, auf den nächsten Seiten sind Sie mittendrin in der Sprache der Insider, wie sie im Café, in den Clubs und Bars, Shops, Hotels und Hostels, beim Smalltalk in Bus und Bahn und auf den lebendigen Plätzen der Dörfer, Städte und Metropolen gesprochen wird. Und damit auch Sie zum Insider wer-

&gt; S. 95

# ACHTUNG!
# SLANG

den, haben wir sie für Sie aufgespürt: die authentischen, die wichtigsten und witzigsten Slangausdrücke. Dabei gibt es jedoch Formulierungen, die Sie besser meiden sollten, denn:

Manchmal ist Schweigen wirklich Gold. Auch zu beachten: Oft ist Umgangssprache lokal geprägt, und die Aussprache kann von Region zu Region variieren. Aber mit ein wenig Geduld kann man sich auch in diese verschiedenen Dialekte einhören.

Wir wünschen Ihnen viel Spaß beim Lesen und beim Erweitern Ihres Wortschatzes!

# ALLTAG

## ■ BEGRÜSSUNG UND CO ■

| | |
|---|---|
| Ciao a tutti! | Hallo zusammen! |
| Ciao caro/cara! | Hallo mein Lieber/meine Liebe! |
| Chi non muore si rivede! | Lange nicht gesehen! (wörtl. Wer nicht stirbt, den sieht man wieder!) |
| Stammi bene! | Machs gut! |
| In bocca al lupo!/In culo alla balena! | Hals und Beinbruch! (wörtl. dem Wolf in den Rachen/dem Wal in den Arsch) |
| Ci sentiamo. | Wir hören voneinander. |

## ■ ANTWORTEN ■

| | |
|---|---|
| Me ne frego. | Ist mir egal. |
| Per me... | Mir egal/Meinetwegen... (gelangweilt) |
| Non me ne frega un cazzo. | Das ist mir völlig egal. (cazzo wörtl. Schwanz) |
| Che ne so? | Woher soll ich das wissen? |
| Non capisco un cazzo. | Ich verstehe nur Bahnhof. |
| Che cavolo/cazzo vuoi? | Was zum Teufel willst du? (cavolo wörtl. Kohl) |
| Che cavolo/cazzo te ne frega? | Was zum Teufel geht dich das an? |
| Col cazzo che lo faccio! | Ich werde einen Teufel tun! |
| Non ci sto! | Das mach ich nicht mit! |
| Non ci penso neanche! | Ich denke nicht daran! |
| Neanche per sogno! | Auf keinen Fall! (wörtl. nicht mal im Traum) |

## ■ ...UND AUFFORDERUNGEN ■

| | |
|---|---|
| Senti un po'... | Hör mal... |
| Datti una mossa! | Beweg deinen Hintern! |
| Non te la prendere! | Mach dir nichts draus! |
| Non allargarti! | Übertreibs nicht! |
| Camomillati! | Komm wieder runter! |
| Datti una calmata! | Ruhig Blut! |

## ■ UNTER FREUNDEN... ■

| | |
|---|---|
| dare un colpo di telefono | bei jdm durchklingeln |
| messaggiare | simsen |

# ACHTUNG! SLANG

| | |
|---|---|
| darsi una punta/un puntello | sich verabreden |
| fare un giro con qc | mit jdm abhängen |
| fare lo struscio/fare le vasche | schlendern (abendl. Treffen auf der Piazza) |
| bazzicare | sich mit jdm herumtreiben |
| fare quattro chiacchiere | plaudern |
| ghignare | lachen |
| farsela addosso | sich totlachen |
| Non ha peli sulla lingua. | Er/sie nimmt kein Blatt vor den Mund. (wörtl. Er hat keine Haare auf der Zunge.) |
| dirlo chiaro e tondo | es klipp und klar sagen |
| Ha il pelo sullo stomaco. | Er ist hart im Nehmen. (wörtl. Er hat Haare auf dem Bauch.) |
| Fa il figo. | Er ist eingebildet. |
| menarsela/tirarsela | angeben/sich wichtig tun |
| Ha la faccia tosta. | Er ist unverschämt. |
| spararle grosse/raccontarla grossa | lügen, dass sich die Balken biegen |
| sgamare | erwischen |
| fare una figuraccia | ganz schön blöd da stehen |
| un guastafeste | Spielverderber |

## ■ DAS GEFÄLLT...

| | |
|---|---|
| Un delirio! | Wahnsinn! |
| Che sballo! | Geil! |
| È una bomba! | Es ist irre! |
| Alla grande! | Das geht ab!/Das rockt! |
| È partito. | Es ist abgefahren. |
| È una bazza. | Es ist traumhaft. |
| Che forza! | Cool! |
| Mi piace una cifra. | Das finde ich super. |
| Che figata! | Klasse! |
| È fuori di testa. | Er/sie ist aus dem Häuschen. |

| Ci va grassa! | Es geht uns saugut! |
| Che culo! | Was für ein Glück! |

## ...DAS LANGWEILT...

| Uffa! | Uff!/Oh nee! |
| Che barba! | So was Langweiliges! (wörtl. Was für ein Bart!) |
| palloso | langweilig |
| annoiạrsi a morte | sich zu Tode langweilen |

## ...UND DAS NERVT

| dare i nervi | nerven |
| Che palle! | Das nervt! |
| uno sbatti/sbattimento | eine nervige Situation |
| cazzate/vaccate | Quatsch |
| un mucchio di stronzate | absoluter Müll |
| rompere i coglioni/le palle a qc | jdm auf den Geist gehen |
| fare incazzare qc | jmdn verärgern/wütend machen |
| È una fregatụra. | Das ist ein ziemlicher Reinfall. |

## SCHLECHT DRAUF?

| Non sono in forma. | Ich bin nicht ganz auf dem Damm. |
| Non sono in vena. | Ich bin nicht gut drauf. |
| È nel pallone. | Er/sie steht neben sich. |
| scoglionato | genervt |
| Che casino/bordello! | Was für ein Chaos! |
| Sono incasinato. | Bei mir geht alles drunter und drüber. |
| Ha la luna storta. | Er/sie ist schlecht gelaunt (wörtl. hat den Mond schief). |
| essere giù | niedergeschlagen sein |

# ACHTUNG! SLANG

| | |
|---|---|
| prendersela | beleidigt sein |
| scoglionarsi | sich ärgern/keine Lust mehr haben |
| Mi sono rotto (le palle)./Ne ho le palle piene. | Ich habe die Schnauze voll. |
| Sono stufo/a! | Ich habs satt! |
| incavolato/incazzato | stinksauer |
| Mi fa schifo! | Es ist zum Kotzen! |
| essere a terra | am Boden zerstört sein |
| essere alla frutta | am Ende sein (wörtl. beim Obst (Dessert) sein) |
| Che sfiga! | So ein Pech! |
| uno sfigato | Pechvogel |
| avere la tremarella | Bammel haben |
| conigliare | Angst haben |
| farsela addosso/farsela sotto/cagarsi sotto | sich vor Angst in die Hose machen |
| prendersela nel culo/in quel posto | verarscht werden |
| perdere la testa | die Beherrschung verlieren |

# ESSEN

| | |
|---|---|
| Sto morendo di fame! | Ich sterbe vor Hunger! |
| Fa venire l'acquolina in bocca. | Mir läuft das Wasser im Mund zusammen. |
| mangiare un boccone/fare uno spuntino | eine Kleinigkeit essen |
| fare merenda | eine Zwischenmahlzeit einnehmen |
| mangiare in bianco | einfaches Essen einnehmen |
| farsi due spaghetti | sich ein paar (wörtl. zwei) Nudeln machen |
| con un filo/filino d'olio | mit ganz wenig Öl |
| fare la scarpetta | Brot in die Soße tunken (wörtl. das Schühchen machen) |
| sbafarsi un panino | ein belegtes Brot verdrücken |
| fare una scorpacciata/un'abbuffata | sich den Bauch vollschlagen |
| abbuffarsi di q.c. | sich mit etwas vollstopfen |
| Sono pieno come un uovo. | Ich bin pappsatt. (wörtl. voll wie ein Ei) |
| Non sa di niente. | Es schmeckt nach nichts. |
| Fa schifo. | Es schmeckt eklig. |

# AUSGEHEN

## ◼ DRINKS

| | |
|---|---|
| Salute!/Cin cin! | Prost!/Zum Wohl! |
| un drink | ein alkoholisches Getränk |

| | |
|---|---|
| uno spritz/una bicicletta | norditalienischer Aperitif auf Wein-weinbasis |
| un bombardino | alkoholisches Getränk (auf den Ski-hütten heiß serviert) |
| acquavitaccia | Fusel |

## ■ IN DER BAR/KNEIPE ■

| | |
|---|---|
| farsi una bevuta con gli amici | ein Gläschen trinken gehen |
| fare un brindisi | sich zuprosten |
| alzare il gomito | einen (wörtl. den Ellbogen) heben |
| tazzare | bechern |
| sbronzarsi/prendersi una sbornia | sich besaufen |
| tirare tardi | bis spät aufbleiben |
| fare le ore piccole | die Nacht durchmachen (wörtl. die kleinen Stunden machen) |
| il buttafuori | Türsteher |
| musica da sballo | geile Musik |
| strapieno/murato | brechend/gerammelt voll |
| tirato/a | aufgedonnert |
| bere un'ombra/un'ombretta | sich zum Frühschoppen treffen (in Venetien) |

## ■ SPÄTER... ■

| | |
|---|---|
| brillo | beschwipst |
| Sono sfatto/fuso. | Ich bin hundemüde. |
| sbronzo | besoffen |
| ubriaco fradicio | sturzbetrunken |
| È fuori come un balcone. | Er ist sternhagelvoll. (wörtl. Er ist draußen wie ein Balkon.) |

## ■ RAUCHEN ■

| | |
|---|---|
| il tabacchino | Tabakladen |
| una paglia | Zigarette |
| una cicca | Kippe |
| stabaccare | qualmen |
| fumare come un turco | qualmen wie ein Schlot (wörtl. wie ein Türke rauchen) |
| un fumatore incallito | Kettenraucher |

> *www.marcopolo.de/italienisch*

# ACHTUNG! SLANG

## MANN UND FRAU

### ■ LEUTE ■

| | |
|---|---|
| un tipo/un tizio | Typ/Kerl |
| una tipa/una tizia | Tussi/Mädel |
| un(a) fuoriclasse | ein klasse Typ/eine klasse Frau |
| un tipo sgamato | ein aufgeweckter Typ |
| un figo | ein geiler Typ |
| una gran figa | eine scharfe Frau |
| È ben dotato | Er ist gut bestückt. |
| una tettona | eine Frau mit großem Busen |
| Ha un bel davanzale. | Sie hat viel Holz vor der Hütte. (wörtl. eine schöne Fensterbank) |
| un cocco di mamma | Muttersöhnchen |
| un tappo | ein kleiner Mann (wörtl. Korken) |
| una stangona | Bohnenstange |
| il matusa | der Alte |

### ■ FLIRTEN UND MEHR ■

| | |
|---|---|
| Mi piace un sacco/un casino. | Er/sie gefällt mir wahnsinnig gut. |
| Complimenti alla mamma! | Du siehst umwerfend aus! |
| È uno schianto! | Sie ist umwerfend! |
| lumare | anstarren |
| abbordare/intortare | anquatschen/anmachen |
| flirtare | flirten |
| È cotto di lei. | Er hat sich in sie verknallt. (wörtl. Er ist von ihr gekocht) |
| pomiciare | knutschen |
| farsela con qc | ein Verhältnis mit jdm haben |
| cuccare | aufreißen |

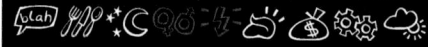

| | |
|---|---|
| rimorchiare | abschleppen |
| avercelo duro | eine Latte haben |
| il goldone | Kondom |
| fare una scopata/scopare | vögeln (wörtl. fegen) |
| una sveltina | ein Quickie |
| dare un bidone/tirare un pacco a qc | jdn versetzen |
| piantare/mollare/lasciare qc | mit jdm Schluss machen |
| Lo ha scaricato. | Er/sie hat ihn/sie fallen gelassen. |
| una lasciata, cento di trovate | Andere Mütter haben auch schöne Töchter. (wörtl. eine verlassen, hundert gefunden) |
| **Hanno fatto la fuitina.** | Sie sind miteinander durchgebrannt. |
| **un matrimonio riparatore** | Mussheirat |
| **l'addjo al celibato** | Junggesell(inn)en-Abschied |
| **In casa loro è lei che porta i pantaloni.** | Zu Hause hat sie die Hosen an. |

# SCHIMPFEN, LÄSTERN, FLUCHEN

## ■ STANDARDS ■

| | |
|---|---|
| **Mamma mia!/Dio mio!** | Meine Güte!/Großer Gott! |
| **Per carità!** | Um Gottes Willen! |
| **Accidenti!** | Verflixt! |
| **Cavolo!** | Teufel nochmal!/Hut ab! (wörtl. Kohl) |
| **Porca miseria/puttana!** | Donnerwetter!/Verdammte Schweinerei! |
| **Merda!** | Mist!/Scheiße! |
| **Cazzo/Minchia!** | Verdammt! |
| **Maledizione!** | Verdammt (noch mal)! |
| **Chiudi il becco!** | Halts Maul! |
| **Non rompere (le palle/i coglioni!)** | Nerv nicht! |
| **Levati dai piedi!** | Hau ab! |
| **Levati dalle palle/dai coglioni!** | Verzieh dich! (palle/coglioni wörtl. Eier) |
| **Vaffanculo!/Vai a farti fottere!** | Verpiss dich! |
| **Scordatelo!** | Vergiss es!/Du kannst mich mal! |
| **Cavoli/Cazzi tuoi!** | Dein Problem!/Pech gehabt! |
| **inculare qc** | jdn reinlegen |
| **sfottere/prendere per il culo** | verarschen |
| **sputtanare qc** | jdn bloßstellen/schlecht machen |
| **sputtanarsi** | sich blamieren |

# ACHTUNG! SLANG

## ■ SPINNER UND TROTTEL ■■■■■■■■■■■■■■■■■■

| | |
|---|---|
| È un po' svitato. | Er hat eine Schraube locker. |
| È fuori di testa. | Er hat nicht mehr alle Tassen im Schrank. |
| sclerare | durchdrehen |
| scemo/imbecille | Trottel/Pappnase |
| È un tordo. | Er ist ein Trottel (wörtl. eine Drossel). |
| tonno | Tollpatsch (wörtl. Thunfisch) |
| È un esaltato. | Er ist völlig überspannt. |
| essere fissato/avere la fissa | auf etwas fixiert sein |

## ■ MEHR BELEIDIGUNGEN ■■■■■■■■■■■■■■■■■■

| | |
|---|---|
| tamarro | uncooler, schlechtangezogener Typ |
| un fighetto/una fighetta | Snob |
| È un gasato. | Er ist ein Angeber. |
| cafone | protzig |
| rompicoglioni | Nervensäge |
| dare i nervi/rompere i coglioni | total nerven |
| leccare il culo a qc | schleimen |
| leccaculo | Arschkriecher |
| pirla | Idiot |
| coglione | Arschloch |
| Che testa di cazzo! | Was für ein Arschloch! (wörtl. Schwanz) |
| stronzo | Scheißkerl |
| pezzo di merda | Drecksack |
| un vecchio porco | alter Knacker |
| cornuto | gehörnt |
| checca/frocio/finocchio/recchione | Tunte/Schwuchtel |
| terrone | Süditaliener (wörtl. Erdfresser) |
| polentone | Norditaliener (wörtl. Polentafresser) |

# UNAPPETITLICHES

| | |
|---|---|
| il gabinetto/il cesso | Klo |
| Che tanfo! | Was für ein Gestank! |
| fare la pipì/pisciare | pinkeln |
| fare la cacca/cacare/cagare | kacken |
| avere la cacarella/la sciolta/il cagotto | Dünnpfiff haben |
| scoreggiare | einen fahren lassen |
| ruttare | rülpsen |
| vomitare l'anima | sich übergeben/sich die Seele aus dem Leib kotzen |

# GELD

## ■KOHLE■

| | |
|---|---|
| i soldi/i quattrini/la grana/il denaro | Geld/Kohle/Moos/Zaster |
| gli spiccioli/spicci | Kleingeld |
| un gruzzolo | eine Stange Geld |

## ■HABEN ODER NICHT■

| | |
|---|---|
| nuotare nell'oro | in Geld (wörtl. Gold) schwimmen |
| ricco sfondato | stinkreich |
| fare soldi a palate | ein Schweinegeld verdienen |
| È un figlio/una figlia di papà. | Er ist ein Sohn/eine Tochter reicher Eltern. |
| un sacco/un mucchio di soldi | ein Haufen Geld |
| Fa il mantenuto/la mantenuta. | Er/sie lässt sich aushalten. |
| È uno strozzino. | Er ist ein Halsabschneider. |
| spilorcio/tirchio/taccagno | knauserig |
| È un pidocchio. | Er ist ein Geizkragen (wörtl. eine Laus) |
| uno scroccone | Schnorrer |
| Ha le mani bucate. | Das Geld zerrinnt ihm/ihr zwischen den Fingern. (wörtl. Er hat die Hände durchlöchert.) |
| essere al verde/in bolletta | knapp bei Kasse, pleite sein (al verde wörtl. auf dem Grünen sein) |
| non avere il becco di un quattrino | nicht einen Heller in der Tasche haben |
| povero in canna | bitterarm |

> *www.marcopolo.de/italienisch*

# ACHTUNG! SLANG

## ■ KOSTEN ODER NICHT ■

Costa una fortuna/un occhio della testa/
  una barca di soldi. — Es kostet ein Vermögen.
un prezzo sfacciato — ein unverschämter Preis
svenarsi — sich dumm und dämlich bezahlen
un (vero) affare/un affarone — ein gutes Geschäft/ein Schnäppchen
un prezzo stracciato — ein Spottpreis
Te lo tirano dietro. — Es kostet 'nen Appel und 'n Ei.
  (wörtl. Sie werfen es dir hinterher.)
a sbafo — umsonst
Non vale un fico secco. — Das ist keinen Pfifferling (wörtl. keine
  trockene Feige) wert.

## ■ AUSGEBEN UND EINNEHMEN ■

nuovo di pacca — nagelneu
un conto salato — eine gesalzene Rechnung
tirare sul prezzo — feilschen
scroccare — schnorren
farsi spennare — sich abzocken lassen
I conti non tornano. — Die Rechnung geht nicht auf.
fare i portoghesi — sich ums Zahlen drücken
Offro io! — Das geht auf meine Rechnung!
fare alla romana — jeder zahlt für sich (getrennte
  Rechnungen sind in Italien unüblich)

# ARBEIT

fare una levataccia — in aller Herrgottsfrüh aufstehen
sgobbare — viel arbeiten/pauken

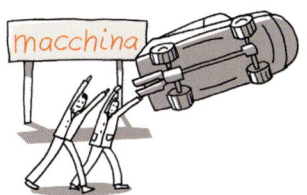

| | |
|---|---|
| rimboccạrsi le mạniche | seine Ärmel hochkrempeln |
| Si è fatto In quattro. | Er hat richtig rangeklotzt. |
| Ci vuole olio di gomito. | Man muß sich ins Zeug legen. |
| | (wörtl. Man braucht Ellenbogenöl.) |
| | |
| fare una fatica bestiale | sich tierisch anstrengen |
| Si è fatto un culo/un mazzo così! | Er hat sich den Arsch aufgerissen. |
| stacanovista | Workaholic |
| ammazzạrsi di lavoro | sich totarbeiten |
| È uno scioperato/un fancazzịsta. | Er hat keine Lust zu arbeiten. |
| girarsi i pollici/stạrsene con le mani in mano | Däumchen drehen |
| cazzeggiare | faulenzen |
| fannullone | Faulpelz |
| bigiare | blaumachen |
| È un assenteista. | Er ist ein Blaumacher. |
| Ha fatto un (gran) casino. | Er hat's vermasselt/versaut. |
| fare un cazziatone/cazziare a qc | jdm eine Standpauke halten |
| crumiro | Streikbrecher |
| lavoro nero | Schwarzarbeit |

# WETTER

| | |
|---|---|
| Fa freschetto. | Es ist ganz schön frisch. |
| Fa un freddo cane. | Es ist lausig kalt. (wörtl. Es ist eine Hundskälte.) |
| | |
| Che tempo di merda! | Scheißwetter! |
| Piove che Dio la manda. | Es schifft. |
| bagnạto frạdicio | klatschnass |
| Fa un caldo bestiạle. | Es ist tierisch heiß. |
| prẹndere la tintarella | sich sonnen |
| rosso come un peperone | krebsrot (wörtl. wie eine Paprika) |
| Che afa! | Voll schwül! |

# IMPRESSUM

Titelbild: Corbis/Atantide Phototravel: Stefano Amantini
Fotos: Denis Pernath (S. 6/7, 10/11, 20/21, 54/55, 78/79, 104/105); gettyimages/ Michael Brauner (S. 36/37); Cortina Hotel, München (S. 68/69)
Illustrationen: Mascha Greune, München
Zeigebilder/Fotos: Lazi&Lazi; Food Collection; Comstock; stockbyte; Fisch-Informationszentrum e.V.; Fotolia/Christian Jung; Fotolia/ExQuisine; photos.com
Bildredaktion: Factor Product, München (S. 6/7, 10/11, 20/21, 36/37, 54/55, 68/69, 78/79, 104/105); red.sign, Stuttgart (S. 41–45)
Zeigebilder/Illustrationen: Factor Product, München; HGV Hanseatische Gesellschaft für Verlagsservice, München (S. 44/45, 56, 58/59, 63, 66, 73, 75)

2. Auflage 2012
© MAIRDUMONT GmbH & Co. KG, Ostfildern
© auf der Basis PONS Reisewörterbuch Italienisch
© PONS GmbH, Stuttgart

Chefredaktion: Michaela Lienemann, MAIRDUMONT
Konzept und Projektleitung: Carolin Hauber, MAIRDUMONT

Bearbeitet von: Raffaella Marini, München;
Redaktion: PONS GmbH, Stuttgart; MAIRDUMONT, Ostfildern;
Barbara Pflüger, Stuttgart
Mitarbeit an diesem Werk: Jens Bey, MAIRDUMONT;
Eva-Maria Hönemann, MAIRDUMONT
Satz: Fotosatz Kaufmann, Stuttgart

Kapitel Achtung! Slang:
Redaktion: MAIRDUMONT, Ostfildern; Bintang Buchservice GmbH, Berlin
Autorin: Eleonora Zoratti, Trierweiler

Titelgestaltung: Factor Product, München
Innengestaltung: Zum goldenen Hirschen, Hamburg; red.sign, Stuttgart

> ## AUF ALLES VORBEREITET

Beim Arzt, bei der Polizei oder auf der Bank: Wenn's knifflig wird oder schnell gehen soll, dann hilft Ihnen dieses praktische Kapitel in jedem (Not-)Fall!

# ARZT

■ **AUSKUNFT** | INFORMAZIONI ■

| Können Sie mir einen guten ... empfehlen? | Mi può consigliare un buon … |
|---|---|
| Arzt | medico? |
| Augenarzt | oculista? |
| Frauenarzt | ginecologo? |
| Hals-Nasen-Ohren-Arzt | otorinolaringoiatra? |

# VON A BIS Z

| Hautarzt | dermatologo? |
|---|---|
| Kinderarzt | pediatra? |
| Nervenarzt | neurologo? |
| Praktischen Arzt | medico generico? |
| Urologen | urologo? |
| Zahnarzt | dentista? |
| Wo ist seine Praxis? | Dov'è il suo ambulatorio? |

 Apotheke: Seite 57, 60

| | |
|---|---|
| Was für Beschwerden haben Sie? | Che disturbi ha? |
| Ich habe Fieber. | Ho la febbre. |
| Mir ist oft schlecht/übel. | Spesso mi sento male/ho la nausea. |
| Mir ist oft schwindelig. | Spesso mi gira la testa. |
| Ich bin ohnmächtig geworden. | Sono svenuto/svenuta. |
| Ich bin stark erkältet. | Sono molto raffreddato/a. |
| Ich habe Kopfschmerzen. | Ho mal di testa. |
| Ich habe Halsschmerzen. | Ho mal di gola. |
| Ich habe Husten. | Ho la tosse. |
| Ich bin gestochen worden. | Sono stato punto/a. |
| Ich bin gebissen worden. | Sono stato morso/a. |
| Ich habe Durchfall/Verstopfung. | Soffro di diarrea/costipazione. |
| Ich habe mich verletzt. | Mi sono fatto/fatta male. |
| Wo tut es weh? | Dove fa male? |
| Ich habe hier Schmerzen. | Ho dei dolori qui. |
| Ich bin Diabetiker/in. | Sono diabetico/diabetica. |
| Ich bin schwanger. | Sono incinta. |
| Es ist nichts Ernstes. | Non è niente di grave. |
| Können Sie mir bitte etwas gegen ... geben/verschreiben? | Mi può dare/prescrivere qualcosa contro ...? |
| Normalerweise nehme ich ... | Di solito prendo ... |

| | |
|---|---|
| Ich habe (starke) Zahnschmerzen. | Ho (un forte) mal di denti. |
| Dieser Zahn (oben/unten/vorn hinten) tut weh. | Questo dente (di sopra/di sotto/davanti/in fondo) fa male. |
| Ich habe eine Füllung verloren. | La piombatura è andata via. |
| Mir ist ein Zahn abgebrochen. | Mi si è rotto un dente. |
| Ich muss ihn plombieren. | Lo devo otturare. |
| Ich muss ihn ziehen. | Devo estrarlo. |
| Geben Sie mir bitte eine Spritze. | Mi faccia una puntura, per favore. |
| Geben Sie mir bitte keine Spritze. | Non mi faccia la puntura, per favore. |

## IM KRANKENHAUS | IN OSPEDALE

| | |
|---|---|
| Wie lange muss ich hier bleiben? | Per quanto tempo devo stare qui? |
| Wann darf ich aufstehen? | Quando potrò alzarmi? |

| | |
|---|---|
| Abszess | accesso |
| Aids | Aids |
| Allergie | allergia |
| ansteckend | contagioso |
| Arm | braccio |
| Asthma | l'asma m/f |
| Atembeschwerden | difficoltà di respirazione |
| atmen | respirare |
| Auge | occhio |
| Ausschlag | l'eruzione f cutanea, l'esantema m |
| Bänderriss | strappo dei legamenti |
| Bauch | il ventre |
| Bein | gamba |
| bewusstlos | privo di sensi |
| Blähungen | flatulenza |
| Blase | vescica |
| Blinddarm | l'appendice f |
| bluten | sanguinare |
| Blut | il sangue |
| Blutdruck (hoher/niedriger) | la pressione sanguigna (alta/bassa) |
| Blutvergiftung | setticemia |
| Borreliose | borreliosi |
| Bronchitis | la bronchite |
| Bruch | (Leisten~) l'ernia; (Knochen~) frattura |
| Brust | petto |
| Bypass | bypass |
| Darm | intestino |
| Diabetes | il diabete |
| Durchfall | diarrea |
| Eiter | il pus |
| Empfang | accettazione |
| Entzündung | l'infiammazione f |
| erbrechen, sich | vomitare |
| erkälten, sich | prendere freddo, raffreddarsi |
| Facharzt | lo specialista |
| Fehlgeburt | aborto |
| Fieber | la febbre |

| | |
|---|---|
| Finger | dito |
| Fuß | il piede |
| Gallenblase | la cistifellea |
| gebrochen | rotto |
| Gehirn | cervello |
| Gehirnerschütterung | la commozione cerebrale |
| Gehirnschlag | apoplessia cerebrale |
| Gelbsucht | itterizia |
| Gelenk | l'articolazione f |
| Geschlechtskrankheit | malattia venerea |
| Geschlechtsorgane | gli organi genitali |
| geschwollen | gonfio |
| Geschwür | ulcera |
| Gesicht | faccia |
| Grippe | influenza |
| Hals | collo; (Kehle) gola |
| Halsschmerzen | mal di gola |
| Hand | la mano |
| Haut | la pelle |
| Herpes | l'herpes |
| Herz | il cuore |
| Herzanfall | attacco cardiaco |
| Herzbeschwerden | i disturbi cardiaci |
| Herzfehler | difetto cardiaco |
| Herzinfarkt | infarto |
| Herzschrittmacher | il cardiostimolatore, il pacemaker |
| Hexenschuss | la lombaggine |
| Hirnhautentzündung | la meningite |
| HIV-positiv | sieropositivo |
| Hüfte | anca |
| Husten | la tosse |
| Impfung | la vaccinazione |
| Infektion | l'infezione f |
| Ischias | sciatica |
| Kinderlähmung | la polio(melite) |
| Knie | ginocchio |
| Knöchel | (Fuß) malleolo; (Hand) nocella |
| Knochen | osso |
| Knochenbruch | frattura ossea |
| Kolik | colica |
| Kopf | testa |
| Kopfschmerzen | il mal di testa |
| Krampf | crampo |
| krank | malato |

| | |
|---|---|
| Krankenhaus | l'ospedale m |
| Krankenschein | buono per le cure mediche |
| Krankenschwester | infermiera |
| Krankheit | malattia |
| Krebs | cancro |
| Kreislaufstörung | disturbi circolatori |
| Lähmung | la paralisi |
| Lebensmittelvergiftung | l'intossicazione f da alimenti |
| Leber | fegato |
| Lippe | labbro |
| Loch (im Zahn) | la carie |
| Lunge | il polmone |
| Magen | stomaco |
| Magenschmerzen | il mal di stomaco |
| Mandeln | le tonsille |
| Masern | morbillo |
| Menstruation | la mestruazione |
| Migräne | emicrania |
| Mittelohrentzündung | l'otite f |
| Mumps | gli orecchioni |
| Mund | bocca |
| Muskel | muscolo |
| Narbe | la cicatrice |
| Narkose | anestesia |
| Nase | naso |
| Nerv | nervo |
| nervös | nervoso |
| Nierenentzündung | la nefrite |
| Nierenstein | calcolo renale |
| Ohnmacht | svenimento |
| Ohr | orecchio |
| Operation | l'operazione f |
| Pilzinfektion | la micosi |
| Plombe | piombatura |
| Pocken | vaiolo |
| Praxis | ambulatorio |
| Prellung | la contusione |
| Prothese | la protesi |
| Puls | polso |
| Quetschung | la contusione |
| Rheuma | i reumatismi |
| Rippe | costola |
| röntgen | radiografare |
| Röteln | rosolia |

| | |
|---|---|
| Rücken | schiena |
| Rückenschmerzen | il dolore alla schiena |
| Salmonellen | la salmonellosi |
| Schädel | cranio |
| Scharlach | scarlattina |
| Schienbein | tibia |
| Schlaflosigkeit | insonnia |
| Schlaganfall | colpo apoplettico |
| Schlüsselbein | clavicola |
| Schmerzen | i dolori |
| Schnittwunde | ferita da taglio |
| Schnupfen | il raffreddore |
| Schulter | spalla |
| Schüttelfrost | i brividi |
| Schwangerschaft | gravidanza |
| Schwellung | il gonfiore, la tumefazione |
| Schwindel | le vertigini |
| schwitzen | sudare |
| Sonnenstich | colpo di sole |
| Speiseröhre | esofago |
| Sprechstunde | orario di visita |
| Spritze | (Gerät) siringa; |
| (Einspritzung) | l'iniezione f, puntura |
| Stich | punto, puntura |
| Stirnhöhlenentzündung | la sinusite |
| Stuhlgang | le feci |
| Tetanus | tetano |
| Trommelfell | membrana del timpano |
| Typhus | tifo |
| Übelkeit | nausea |
| Ultraschalluntersuchung | l'esame m con ultrasuoni, ecografia |
| Unterleib | l'addome m |
| Untersuchung | l'esame m |
| Urin | urina |
| Verband | il materiale di pronto soccorso |
| verbinden | fasciare |
| Verbrennung | l'ustione f |
| Verdauung | la digestione |
| Verdauungsstörung | l'indigestione f |
| Vergiftung | avvelenamento |
| verletzen | ferire |
| Verletzung | ferita |
| verschreiben | prescrivere |
| verstaucht | slogato |

| | |
|---|---|
| **Verstopfung** | la costipazione, stitichezza |
| **Virus** | il virus |
| **Wartezimmer** | sala d'aspetto |
| **wehtun** | far male |
| **Windpocken** | varicella |
| **Wunde** | ferita |
| **Zahn** | il dente |
| **Zecke** | zecca |
| **Zehe** | dito del piede |
| **Zerrung** | stiramento |
| **ziehen** (Zahn) | togliere, estrarre |
| **Zunge** | lingua |

## BANK/GELDWECHSEL

| | |
|---|---|
| **Wo ist hier bitte eine Bank/ eine Wechselstube?** | Scusi, dove posso trovare una banca/ un'agenzia di cambio? |
| **Ich möchte Schweizer Franken in Euro wechseln.** | Vorrei cambiare franchi svizzeri in Euro. |
| **Ich möchte diesen Reisescheck einlösen.** | Vorrei riscuotere questo traveller's-chèque. |
| **Ihre Scheckkarte, bitte.** | La carta assegni, per favore. |
| **Darf ich bitte ... sehen?** | Posso vedere … |
| **Ihren Pass** | il Suo passaporto |
| **Ihren Ausweis** | la Sua carta d'identità? |
| **Würden Sie bitte hier unterschreiben?** | Firmi qui, per favore. |
| **Der Geldautomat akzeptiert meine Karte nicht.** | Il bancomat non accetta la mia carta. |
| **Der Geldautomat gibt meine Karte nicht mehr heraus.** | Il bancomat non restituisce la mia carta. |

| | |
|---|---|
| **auszahlen** | pagare |
| **Bank** | banca |
| **Betrag** | importo |
| **Euro** | euro |
| **Formular** | modulo |
| **Geheimzahl** | numero segreto |
| **Geld** | denaro |
| **Geldautomat** | cassa automatica prelievi, il bancomat, sportello automatico |
| **Geldschein** | banconota |

| | |
|---|---|
| Geldwechsel | cambio |
| Kasse | cassa |
| Kleingeld | gli spiccioli, moneta |
| Kreditkarte | carta di credito |
| Kurs | cambio |
| Ladeterminal | sportello automatico per il caricamento di moneta elettronica |
| Münze | moneta |
| Reisescheck | assegno turistico, il traveller's chèque |
| Schalter | sportello |
| Scheck | assegno |
| Scheckkarte | carta assegni |
| umtauschen | cambiare |
| Unterschrift | firma |
| Währung | valuta |
| Wechselkurs | corso dei cambi |
| Wechselstube | cambio |

# FARBEN

> Zeigebilder: Seite 4

| | |
|---|---|
| beige | beige |
| blau | blu |
| braun | marrone |
| einfarbig | a tinta unita |
| farbig | a colori |
| gelb | giallo |
| goldfarben | color oro |
| grau | grigio |
| grün | verde |
| lila | lilla |
| orange | arancione |
| rosa | rosa |
| rot | rosso |
| schwarz | nero |
| silberfarben | color argento |
| türkis | turchese |
| violett | viola |
| weiß | bianco |

## FOTOGRAFIEREN

 **Zeigebilder: Seite 59**

| | |
|---|---|
| **Darf ich Sie fotografieren?** | La posso fotografare? |
| **Ist hier Fotografieren erlaubt?** | È permesso fotografare qui? |
| **Wären Sie wohl so freundlich, ein Foto von uns zu machen?** | Le dispiacerebbe farci una foto? |
| **Drücken Sie bitte auf diesen Knopf.** | Prema questo pulsante, per favore. |
| **Das ist sehr freundlich (von Ihnen).** | Molto gentile (da parte Sua). |

## FUNDBÜRO

| | |
|---|---|
| **Wo ist das Fundbüro, bitte?** | Per favore, dov'è l'ufficio oggetti smarriti? |
| **Ich habe … verloren.** | Ho perso … |
| **Ich habe meine Handtasche im Zug vergessen.** | Ho lasciato la (mia) borsa sul treno. |
| **Benachrichtigen Sie mich bitte, wenn sie gefunden werden sollte.** | Per favore, se vengono riconsegnati/ ritrovati, me lo faccia sapere. |
| **Hier ist meine Hotelanschrift/ Heimatadresse.** | Ecco l'indirizzo del mio albergo/l'indirizzo di casa. |

## INTERNETCAFÉ

| | |
|---|---|
| **Wo gibt es in der Nähe ein Internetcafé?** | C'è un internet point/café qui vicino? |
| **Wieviel kostet eine Stunde?/ Viertelstunde?** | Quanto costa un'ora/un quarto d'ora? |
| **Kann ich eine Seite ausdrucken?** | Posso stampare una pagina? |
| **Hier klappt die Verbindung nicht.** | Non riesco a connettermi. |
| **Ich habe Probleme mit dem Computer.** | Ho dei problemi con il computer. |

| | |
|---|---|
| Kann ich bei Ihnen Fotos von meiner Digitalkamera auf CD brennen? | Mi potrebbe masterizzare su CD delle foto scaricate dalla mia fotocamera digitale? |
| Haben Sie auch ein Headset zum Telefonieren? | Ha anche un headset per telefonare? |

# KINDER UNTERWEGS

| | |
|---|---|
| Gibt es auch Kinderportionen? | Avete anche porzioni per bambini? |
| Könnten Sie mir bitte das Fläschchen warm machen? | Mi potrebbe riscaldare il biberon, per favore? |
| Haben Sie einen Wickelraum? | C'è un fasciatoio? |
| Wo kann ich stillen? | Dove posso allattare? |
| Bitte bringen Sie noch einen Kinderstuhl. | Mi porti ancora un seggiolone, per favore. |

| | |
|---|---|
| Babybett | lettino |
| Babyfon | il babyfon |
| Babysitter | baby-sitter |
| Fläschchenwärmer | scaldabiberon |
| Kinderautositz | seggiolino per l'auto |
| Kinderbetreuung | assistenza ai bambini |
| Kinderermäßigung | riduzione per bambini |
| Kindernahrung | l'alimentazione (f) infantile |
| Saugflasche | il biberon |
| Schnuller | ciuccio, succhietto |
| Schwimmflügel | il bracciale |
| Schwimmring | il salvagente |
| Spielplatz | campo giochi |
| Spielsachen | i giocattoli |
| Wickeltisch | fasciatoio |
| Windeln | i pannolini |

# POLIZEI

| | |
|---|---|
| Wo ist bitte das nächste Polizeirevier? | Dov'è la questura più vicina? |
| Ich möchte einen ... anzeigen. | Vorrei denunciare … |
| Diebstahl | un furto. |
| Unfall | un incidente. |

| | |
|---|---|
| Mir ist ... gestohlen worden.. | Mi è stato rubato …/Mi è stata rubata … |
| die Handtasche | la borsa. |
| der Geldbeutel | il portafoglio. |
| mein Fotoapparat | la macchina fotografica. |
| mein Auto | la macchina. |
| Mein Auto ist aufgebrochen worden. | La mia macchina è stata forzata. |
| Aus meinem Auto ist ... gestohlen worden. | Dalla mia macchina è stato rubato … |
| Ich habe ... verloren. | Ho perso … |
| Mein Sohn/Meine Tochter ist verschwunden. | Mio figlio / Mia figlia è scomparso/a. |
| Können Sie mir bitte helfen? | Mi può aiutare, per favore? |
| Ihren Namen und Ihre Anschrift, bitte. | Il Suo nome e indirizzo, per favore. |
| Wenden Sie sich bitte an das ... | Per favore, si rivolga al … |
| deutsche Konsulat. | consolato tedesco. |
| österreichische Konsulat. | consolato austriaco. |
| Schweizer Konsulat. | consolato svizzero. |
| | |
| anzeigen | denunciare |
| aufbrechen | forzare, scassinare |
| Autoradio | l'autoradio f |
| Autoschlüssel | la chiave della macchina |
| belästigen | infastidire |
| beschlagnahmen | sequestrare |
| Brieftasche | portafoglio |
| Dieb | ladro |
| Diebstahl | furto |
| Gefängnis | la prigione |
| Geld | denaro |
| Geldbeutel | borsellino |
| Gericht | tribunale |
| Papiere | i documenti |
| Personalausweis | carta d'identità |
| Polizei | polizia |
| Polizist/in | l'agente m f; (Verkehr) il vigile/la vigilessa |
| Rauschgift | gli stupefacenti |
| Rechtsanwalt/anwältin | avvocato |
| Reisepass | passaporto |
| Richter/in | giudice m f |
| Scheck | assegno |
| Scheckkarte | carta assegni |

| | |
|---|---|
| Schlüssel | la chiave |
| Taschendieb | borsaiolo, lo scippatore |
| Überfall | l'aggressione f; assalto (a una banca) |
| Verbrechen | delitto |
| Vergewaltigung | violenza(carnale), stupro |
| verhaften | arrestare |
| verlieren | perdere |
| zusammenschlagen | picchiare |

# POST

| | |
|---|---|
| Wo ist ... | Per favore, dov'è … |
| das nächste Postamt? | l'ufficio postale più vicino? |
| der nächste Briefkasten? | la prossima cassetta postale? |
| Was kostet ... | Quanto costa … |
| ein Brief ... | una lettera … |
| eine Postkarte ... | una cartolina … |
| ... nach Deutschland? | per la Germania? |
| ... nach Österreich? | per l'Austria? |
| ... in die Schweiz? | per la Svizzera? |
| Diesen Brief bitte per ... | Questa lettera …, per favore. |
| Luftpost. | con posta aerea |
| Express. | per espresso |

| | |
|---|---|
| Absender | il mittente |
| Adresse | indirizzo |
| aufgeben | spedire |
| ausfüllen | compilare |
| Brief | lettera |
| Briefkasten | cassetta postale |
| Briefmarke | francobollo |
| Briefumschlag | busta |
| Eilbrief | espresso |
| Empfänger | destinatario |
| Formular | modulo |
| frankieren | affrancare |
| Gebühr | tariffa |
| Gewicht | peso |
| Hauptpostamt | posta centrale |
| Leerung | levata |
| Luftpost, mit | via aerea |
| Paket | pacco |

| | |
|---|---|
| **Porto** | affrancatura |
| **Postamt** | ufficio postale |
| **Postkarte** | cartolina postale |
| **Postleitzahl** | CAP (codice di avviamento postale) |
| **Schalter** | sportello |

## TELEFONIEREN

| | |
|---|---|
| **Wo ist die nächste Telefonzelle?** | Dov'è la cabina telefonica più vicina? |
| **Ich möchte bitte eine Telefonkarte.** | Vorrei una scheda telefonica, per favore. |
| **Haben Sie ein Telefonbuch von ...?** | Ha un elenco telefonico di ...? |
| **Wie ist die Vorwahl von ...?** | Qual è il prefisso di ...? |
| **Bitte ein Ferngespräch nach ...** | Per favore, un'interurbana per ... |
| **Ich möchte ein R-Gespräch anmelden.** | Vorrei annunciare una telefonata a carico del ricevente. |
| **Gehen Sie in Kabine Nr....** | Vada nella cabina numero ... |
| **Hier spricht ...** | Qui parla ... |
| **Hallo, mit wem spreche ich?** | Pronto, con chi parlo? |

# WIE DIE EINHEIMISCHEN

*Pronto!?*

**Insider Tipps**

### "Pronto"

Italiener sind auf die Wahrung ihrer Privatsphäre bedacht. Wenn Sie eine Privatperson anrufen, wird Ihnen daher nur ein einfaches *"Pronto!?"* entgegenschallen, was so viel heißen soll wie „Hier ist jemand, der bereit ist Ihnen zuzuhören. Was wünschen Sie?"

### Mit dem Handy

Es gibt spezielle Telefonkarten für Handys, die man wie die Festnetztelefonkarten *(Carta telefonica internazionale per telefono fisso)* an Zeitungskiosken oder in Tabakwarengeschäften erhält.

| | |
|---|---|
| Kann ich bitte Herrn/ Frau ... sprechen? | Scusi, potrei parlare con il signor/ la signora …? |
| Am Apparat. | Sono io. |
| Tut mir leid, er/sie ist nicht da. | Mi dispiace, ma non c'è. |
| Kann er/sie Sie zurückrufen? | La posso far richiamare? |
| Ja, meine Nummer ist ... | Sì, il mio numero è ... |
| Würden Sie ihm/ihr bitte sagen, ich hätte angerufen? | Gli/Le potrebbe dire che ho chiamato, per favore? |

| | |
|---|---|
| abnehmen | rispondere al telefono |
| Anruf | telefonata |
| anrufen | telefonare |
| Auskunft | le informazioni |
| Auslandsgespräch | la comunicazione internazionale |
| besetzt | occupato |
| durchwählen | raggiungere in teleselezione |
| Ferngespräch | interurbana |
| Gebühr | tariffa |
| Gespräch | la conversazione |
| Handy | il cellulare/telefonino |
| Mobiltelefon | telefono portatile |
| Münzfernsprecher | telefono a gettone |
| Ortsgespräch | telefonata urbana |
| R-Gespräch | la comunicazione telefonica a carico del ricevente |
| Telefon | telefono |
| Telefonbuch | elenco telefonico |
| Telefongespräch | telefonata |
| telefonieren | telefonare |
| Telefonkarte | carta telefonica |
| Telefonnummer | numero telefonico |
| Telefonzelle | cabina telefonica |
| Verbindung | la comunicazione |
| Vorwahlnummer | prefisso |
| wählen | formare il numero |

## ■ HANDY | IL CELLULARE/TELEFONINO

| | |
|---|---|
| Bitte eine SIM-Karte. | Una SIM, per favore. |
| Bitte eine internationale Telefonkarte. | Una carta telefonica internazionale, per favore. |
| Wie viele Minuten kann ich mit einer Karte für ... sprechen? | Quanti minuti posso parlare con una carta da …? |
| Für welches Gebiet gilt diese SIM-Karte? | Per quale zona vale questa SIM? |
| Könnten Sie mir bitte eine Tarifübersicht geben? | Potrebbe darmi una panoramica sulle tariffe? |
| Haben Sie Guthabenkarten der Mobilfunkgesellschaft ...? | Ha delle carte prepagate della società di telefonia mobile …? |
| Ich habe kein Netz. | Non ho campo. |

# TOILETTE UND BAD

| | |
|---|---|
| Wo ist bitte die Toilette? | Scusi, dov'è il bagno? |
| Dürfte ich wohl bei Ihnen die Toilette benutzen? | Scusi, ma dovrei andare in bagno. Posso? |
| Würden Sie mir bitte den Schlüssel für die Toiletten geben? | Potrebbe darmi la chiave per il bagno, per favore? |
| Die Toilette ist verstopft. | Il gabinetto è intasato. |

| | |
|---|---|
| Damen | Signore |
| Handtuch | asciugamano |
| Handwaschbecken | lavabo, lavandino |
| Herren | Signori |
| sauber | pulito |
| schmutzig | sporco |
| Seife | il sapone |
| Toilettenpapier | carta igienica |

# DIE 1333 WICHTIGSTEN WÖRTER

Die hinter der italienischen Übersetzung aufgeführten Zahlen verweisen auf die entsprechenden Seiten der themenbezogenen Kapitel.

## ■ A

**ab** da
**abbestellen** disdire
**Abend** sera
**aber** ma
**Abfahrt** partenza ➤ 31 f., 34
**Abflug** decollo ➤ 29
**ablaufen** svolgere, svolgersi
**ablehnen** rifiutare
**Abreise** partenza ➤ 71
**abreisen (nach)** partire (per)
**Abschied nehmen** prendere congedo ➤ 12
**abschleppen** rimorchiare, trainare ➤ 24 f.
**Absender** il mittente ➤ 116
**abwärts** in giù
**Achtung!** attenzione!
**Adresse** indirizzo ➤ 116
**Adria** Adriatico
**Aktivurlaub** vacanza attiva ➤ 85 ff.
**alle** tutti, tutte
**allein** solo
**alles** tutto
**als** (zeitlich) quando; (bei Vergleich) di, che
**also** dunque, allora
**alt** vecchio; (aus früheren Zeiten) antico
**Alter** età ➤ 14
**Amt** (Dienststelle) ufficio
**an** a; (nahe bei, neben) vicino a
**anbieten** offrire
**andere, der ~** l'altro
**ändern** cambiare, modificare
**anders** (adj) diverso; (adv) diversamente
**Anfang** inizio
**Angst** paura
**anhalten** fermare, fermarsi
**ankommen** arrivare ➤ 32
**Ankunft** arrivo ➤ 30, 32
**Anmeldung** l'accettazione f
**Anreisetag** giorno d'arrivo
**Anruf** telefonata ➤ 118
**anrufen** telefonare

**Anschluss** coincidenza ➤ 30, 32
**Anschrift** indirizzo
**anstatt** invece di
**anstrengend** faticoso
**antworten** rispondere
**Apotheke** farmacia ➤ 57, 60
**Appetit** appetito
**arbeiten** lavorare
**ärgern, s. ~ (über)** arrabbiarsi (per)
**arm** povero
**Art** modo, maniera
**Arzt** medico ➤ 113 ff.
**auch** anche; (nachgestellt) pure
**auch nicht** neppure
**auf** su, sopra; (offen) aperto
**aufbrechen** forzare, scassinare ➤ 115 ; (fortgehen) mettersi in cammino
**Aufenthalt** soggiorno; (Zug) fermata ➤ 32
**aufgeben** (Gepäck) consegnare ➤ 30; (Post) imbucare ➤ 116; (verzichten) rinunciare, darsi per vinto
**aufhören** smettere
**aufpassen (auf)** stare attento (a)
**aufstehen** alzarsi
**Augenblick** istante (m)
**aus** (Herkunft) da, di; (Material) di; (Grund) a causa di
**Ausfahrt** uscita
**Ausflug** gita ➤ 81 f.
**ausfüllen** compilare
**Ausgang** uscita
**Auskunft** informazione (f)
**Auskunftsstelle** ufficio informazioni ➤ 20 f., 23, 29, 31, 32 ff., 78
**Ausländer** straniero
**außen** fuori
**außer** eccetto, tranne
**außerdem** inoltre
**Aussicht** vista
**aussprechen** pronunciare
**aussteigen** scendere ➤ 32, 34
**Ausweis** (Personal~) tessera, carta d'identità

➤ *www.marcopolo.de/italienisch*

**Auto** auto f, macchina >23 ff.
**Auto fahren** guidare
**Autopapiere** i documenti

## B

**Baby** neonato >114
**Bahnhof** la stazione >31 f.
**bald** presto
**Bank** banca >111 f.; (Sitz~) panchina
**Bar** il bar
**Baum** albero
**beachten** osservare
**Beanstandung** reclamo >38, 70
**beantworten** rispondere
**bedeuten** significare
**Bedienung** servizio
**beenden** finire
**befinden, s. ~** trovarsi
**befreundet sein** essere in amicizia
**befürchten** temere
**begegnen** incontrare
**beginnen** iniziare
**begleiten** accompagnare
**begrüßen** salutare >10
**behalten** tenere
**behindertengerecht** idoneo per/a misura
  degli handicappati
**Behindertentoilette** il bagno/la toilette per
  handicappati
**Behörde** autorità pubblica
**bei** (nahe) vicino a
**beide** entrambi
**Beileid** condoglianze (pl)
**Beispiel** esempio
**beißen** mordere; (jucken) prudere, pizzicare
**beklagen, s. ~ (über)** lamentarsi (di)
**belästigen** infastidire >115
**beleidigen** offendere
**Belgien** Belgio (m)
**Belgier/in** belga (m/f)
**benachrichtigen** avvertire
**benötigen** aver bisogno di
**benutzen** usare; (Verkehrsmittel) prendere
**Benzin** benzina >23 f.
**Berg** monte (m)
**Beruf** professione (f)
**beruhigen, s. ~** tranquillizzarsi

**beschädigen** danneggiare
**bescheinigen** certificare
**beschlagnahmen** sequestrare
**beschließen** decidere
**beschweren, s. ~ (über)** reclamare (per)
**besetzt** (Platz) occupato; (voll) tutto pieno
**besichtigen** visitare
**Besichtigung** visita >78 ff.
**besitzen** possedere
**Besitzer** proprietario
**besorgen** procurare, provvedere
**bestätigen** confermare
**Besteck** le posate
**Bestellung** l'ordinazione f >38
**bestimmt** (adj) certo; (adv) certamente
**besuchen, jdn ~** far visita a qlc
**Betrag** importo, somma >111
**betreten** entrare (in)
**betrinken, s. ~** ubriacarsi
**betrügen** ingannare
**betrunken** ubriaco; (leicht) un po' allegro
**Bett** letto
**Bewohner** abitante (f, m)
**bewusstlos** privo di sensi >106 f.
**bezahlen** pagare
**Biene** ape (f)
**Bild** quadro
**billig** non caro, economico, a buon mercato
**bis** fino a
**bisschen, ein ~** un po'
**Bitte** domanda >12
**bitte** prego; per favore >12
**bitte, wie ~?** come scusi?
**bitten, jdn um etw ~** chiedere qc a qlc
**blau** blu
**bleiben** rimanere
**Blitz** fulmine (m); (Foto) flash (m)
**Blume** fiore (m)
**Blut** il sangue >107
**Boden** suolo; (Fuß~) pavimento
**Boot** barca >84 ff.
**böse** cattivo; (verärgert) arrabbiato
**Botschaft** (dipl. Vertretung) ambasciata
**Brand** incendio
**brauchen** aver bisogno di; (Zeit) impiegare
**brechen** rompere
**breit** largo
**Bremse** freno >24 f.
**brennen** bruciare
**Brief** lettera >116

**Brieftasche** portafoglio > 115
**Brille** occhiali (pl) > 85
**bringen** (her~) portare; (weg~) portar via
**Brot** il pane > 43, 46, 64
**Bruder** fratello
**Buch** libro
**buchstabieren** sillabare
**Bucht** golfo
**Buchung** la prenotazione > 8 ff., 29 f., 69
**Büro** ufficio
**Bus** l'autobus m > 34

## ▪ C ▪

**Café** caffè (m)
**Camping** camping m, campeggio > 76 f.
**Chef** capo
**Club/Diskothek** club/discoteca > 82
**Computer** computer > 59, 113 f.
**Computerhandlung** negozio specializzato in computer > 56, 59
**Cousin/e** cugino/cugina

## ▪ D ▪

**da** (dort) là; (Grund) perché; (Zeit) allora
**dafür sein** essere favorevole
**dagegen sein** essere contrario
**daheim** a casa
**daher** (Grund) perciò
**damals** allora
**Dame** signora
**danach** poi, dopo
**danke** grazie > 12
**danken** ringraziare > 12
**dann** poi
**da sein** (anwesend) essere presente
**dasselbe** lo stesso
**Datum** data > 17
**Dauer** durata
**dauern** durare
**defekt** difettoso > 24 f.
**dein** (il )tuo
**denken an** pensare a
**denn** poiché
**deshalb** perciò
**Deutsche, der/die** tedesco/tedesca

**Deutschland** la Germania
**dich** ti, te
**dick** grosso, spesso; (Person) grasso; (geschwollen) gonfio
**Diebstahl** furto > 114 f.
**diese(r, s)** questo, questa
**Ding** cosa
**dir** ti, a te
**Direktor** direttore (m)
**Diskothek** discoteca > 82
**doch** certo, sì
**Doktor** dottore (m)
**doppelt** (adj) doppio; (adv) doppiamente
**Dorf** villaggio
**draußen** fuori
**drin, drinnen** dentro
**dringend** urgente
**Drogerie** profumeria > 56, 58
**du** tu
**dumm** stupido, scemo
**dunkel** scuro
**dünn** sottile; (schlank) snello
**durch** (quer) attraverso; (Mittel) per, con; (Passiv) da
**Durchgang** transito, passaggio
**Durchreise, auf der ~** di passaggio
**Durchreisevisum** permesso di transito
**durchschnittlich** (adj) medio; (adv) in media
**dürfen** potere
**durstig sein** avere sete

## ▪ E ▪

**eben** (flach) piano; (zeitlich) proprio ora
**Ebene** pianura
**echt** vero, autentico
**Ecke** angolo
**Ehe** matrimonio
**Ehefrau** moglie (f)
**Ehemann** marito
**Ehepaar** coniugi (pl)
**Ei** uovo
**Eigenschaft** qualità
**Eigentümer** proprietario
**eilig** frettoloso
**ein(e)** un/uno/una
**Einfuhr** importazione (f)
**Eingang** ingresso

# WÖRTERBUCH

einige alcuni, alcune
einigen conciliare, accordarsi
einkaufen fare la spesa ➤54 ff.
einladen invitare
einmal una volta
einreisen entrare (in un paese)
eins uno
einsam solo, solitario
eintreten entrare
Eintrittskarte biglietto ➤83
Einwohner abitante (f, m)
Eisenbahn ferrovia ➤31 f.
Elektrohandlung l'elettricista m ➤56, 59
Eltern genitori (pl)
E-Mail-Adresse indirizzo e-mail ➤8
Empfang ricevimento
Empfangsbestätigung ricevuta
Empfänger destinatario ➤116
empfehlen raccomandare
enden finire
endgültig (adj) definitivo; (adv) definitivamente
endlich finalmente
englisch inglese
Enkel/in nipote (m, f)
entdecken scoprire
entfernt lontano
entgegengesetzt opposto
entlang lungo
entscheiden decidere
entschließen, s. ~ decidersi
Entschluss risoluzione (f), decisione (f)
entschuldigen, s. ~ scusarsi ➤12
Entschuldigung scusa ➤12
enttäuscht deluso
entweder ... oder o ... o. . .
entwickeln sviluppare
er lui
Erde terra
Erdgeschoss pianoterra, pianterreno
ereignen, s. ~ accadere
Ereignis avvenimento
erfahren venire a sapere; (adj) esperto
erfreut (über) lieto (di)
Ergebnis risultato
erhalten ricevere; (durch Bemühung) ottenere
erhältlich in vendita
erholen, s. ~ rimettersi, riposarsi
erinnern, jdn an etw ~ ricordare a qlc qc; s. erinnern ricordarsi

erkennen riconoscere
erklären dichiarare; (deutlich machen) spiegare
erkundigen, s. ~ informarsi
erlauben permettere
Erlaubnis permesso
erledigen sbrigare
Ermäßigung riduzione (f) ➤105 f., 114
ernst serio
erreichen raggiungere
Ersatz (Schaden~) indennizzo, risarcimento
erschöpft esaurito
erschrecken spaventare; (erschrocken sein) spaventato
ersetzen sostituire; (Schaden) risarcire
erst (zuerst) prima; (nicht früher als) solo, soltanto
Erwachsene(r) adulto/adulta
erzählen raccontare
Erziehung educazione (f)
es gibt c'è, ci sono
essbar commestibile
essen mangiare ➤36 ff., 64 f.
etwa circa
etwas qualcosa; (ein wenig) un po'
euch vi, (betont Akkusativ) voi, (Dativ) a voi
euer il vostro
Euro euro ➤111
Europa Europa
Europäer/in europeo/europea

F

Fabrik fabbrica
fahren andare; (lenken) guidare
Fahrkarte biglietto ➤32 f., 34
Fahrplan orario ➤32
Fahrrad bicicletta ➤23 ff., 87
Fahrstuhl ascensore (m)
Fahrt viaggio
fallen cadere
falsch sbagliato; (betrügerisch) falso
Familie famiglia
Familienname il cognome ➤22
Farbe tinta, il colore
faul pigro; (Obst) marcio
fehlen mancare

Fehler (den man macht) sbaglio; (den man hat) difetto
Feiertag giorno festivo >18 f.
Feld campo
Fels roccia
Ferien ferie (pl)
Ferienhaus casa per le vacanze >9, 74 f.
Ferngespräch interurbana >117 f.
fertig (bereit) pronto; (vollendet) finito
fest fermo, saldo; (hart) duro
Festland terraferma >33
Fett grasso
feucht umido
Feuer fuoco
Feuerlöscher estintore (m)
Feuermelder segnalatore (m) d'incendio
Feuerwehr vigili (pl) del fuoco, pompieri (pl)
Film pellicola; (Kino) film (m) >83
finden trovare
Firma ditta
Fisch pesce (m) >45, 48 f., 64
Fischhändler pescivendolo
Flasche bottiglia
Fleisch carne (f) >44, 48, 64
Fliege mosca
fliegen volare
fließen scorrere
Flirt flirt (m) >15 f.
Flug volo >29 f.
Flugzeug aereo >29 f.
Fluss fiume (m)
folgen seguire; (gehorchen) ubbidire
fordern chiedere
Formular formulario, modulo
fort via
fortsetzen continuare
Foto foto (f), fotografia
Fotoartikel gli articoli fotografici >56, 59
fotografieren fotografare >113
Frage domanda; (Problem) questione (f), problema (m)
fragen mandare
frankieren affrancare >116
französisch francese
Frau donna; (Anrede vor Namen) signora; (Ehefrau) moglie (f)
frei libero; (gratis) gratuito; frei (von Abgaben) esente da dazio
Freien, im ~ all'aperto

fremd (ausländisch) straniero; (unbekannt) sconosciuto
Fremde, der/die forestiero/forestiera; (Ausländer) straniero/a
Fremdenführer guida (f), il cicerone >79 f.
Freude gioia
freuen, s. ~ über/auf rallegrarsi di
Freund/in amico/amica
freundlich amichevole
Freundlichkeit gentilezza, cortesia
Friede pace (f)
frieren aver freddo
frisch fresco; (Wäsche) pulito
Friseur il parrucchiere >56, 61
froh (zufrieden) contento; (glücklich) felice; (lustig) allegro
früh presto
Frühstück la prima colazione >46, 70
fühlen sentire
Führer (für Fremde) guida
Führerschein la patente
Führung visita guidata >79
Fundbüro ufficio oggetti smarriti >113
funktionieren funzionare
für per
fürchten temere; s. ~ vor aver paura di
fürchterlich spaventoso

## ■ G ■

Gabel forchetta
Gang (Auto) marcia; (Durchgang) passaggio; (Essen) portata, piatto; (Flur) corridoio
ganz (adj) tutto, (adv) interamente, completamente
Garage garage (m)
Garantie garanzia
Garten giardino
Gast ospite (m)
Gastgeber/in ospite (m, f), padrone/padrona di casa
Gasthaus/Gasthof trattoria
Gebäude edificio >80
geben dare
Gebet preghiera
Gebirge montagna >81
geboren nato
Gebühren tasse (pl)

# WÖRTERBUCH

**Geburt** nascita
**gebürtig aus** nativo di
**Geburtsdatum** data di nascita
**Geburtsname** il nome da ragazza
**Geburtsort** luogo di nascita
**Geburtstag** compleanno ➤ 12
**Gedanke** pensiero
**gefährlich** pericoloso
**Gefallen** favore (m); **gefallen** piacere
**Gefängnis** la prigione ➤ 115
**Gefühl** sentimento
**gegen** contro; (in Richtung auf, zeitlich) verso
**Gegend** regione (f), luogo
**Gegenstand** oggetto; (Gesprächs~) argomento
**Gegenteil** contrario; **im ~** al contrario
**geheim** segreto
**gehen** andare; (zu Fuß) camminare
**gehören** appartenere
**Geistlicher** il sacerdote, il prete
**gelb** giallo
**Geld** denaro ➤ 111
**Geldautomat** il bancomat, sportello ➤ 111
**Geldbeutel** portamonete (m)
**Geldstrafe** ammenda, multa
**Geldstück** moneta
**Geldwechsel** cambio ➤ 111 f.
**Gelegenheit** occasione (f)
**gemeinsam** (adj) comune; (adv) insieme
**gemischt** misto
**Gemüse** verdura ➤ 41, 49 f., 64
**genau** preciso
**genau so … wie** tanto … quanto
**genießen** godere
**genug** sufficiente
**geöffnet** aperto
**Gepäck** bagaglio ➤ 29 f., 32
**geradeaus** diritto
**Gericht** (Speise) pietanza; (Justiz) tribunale ➤ 115
**gern** volentieri
**Geruch** odore (m)
**Geschäft** (Laden) negozio ➤ 54 ff.; (Handel) affare (m)
**geschehen** succedere
**Geschenk** regalo
**Geschichte** storia
**geschlossen** chiuso
**Geschmack** gusto, sapore (m)
**Geschwindigkeit** velocità

**Gesellschaft** società, associazione (f), compagnia
**Gespräch** conversazione (f)
**gesund** sano
**Gesundheit** salute (f)
**Getränk** bevanda ➤ 38, 45, 51 ff., 64
**getrennt** separato
**Gewicht** peso
**gewinnen** vincere, guadagnare
**gewiss** (adj) certo; (adv) certamente
**Gewitter** temporale (m)
**Gibt es …?** C'è/Ci sono …?
**Gift** veleno
**Gipfel** cima, punta
**Gitarre** chitarra
**Glas** (Scheibe) vetro; (Trink~) bicchiere (m)
**Glaube** fede (f)
**glauben** credere
**gleich** uguale; (sofort) subito
**Glück** felicità; (Erfolg) fortuna
**glücklich** felice, fortunato
**Glückwunsch** augurio ➤ 12
**Gott** Dio
**Gottesdienst** messa, la funzione sacra ➤ 80
**Grab** tomba
**Grad** grado
**gratulieren** congratularsi, fare gli auguri
**grau** grigio
**Grenze** frontiera, confine (m) ➤ 22
**groß** grande; (bedeutend) importante; (Statur) alto
**Größe** (Ausdehnung, geistige ~) grandezza; (Kleidung, Schuhe) misura; (Körper~) statura
**Großmutter** nonna
**Großvater** nonno
**grün** verde
**Grund** causa; (Beweg~) motivo
**Gruppe** gruppo
**grüßen** salutare
**gültig** valido ➤ 22
**gut** (adj) buono; (adv) bene

## H

**Haare** i capelli m pl ➤ 61
**haben** avere
**Hafen** porto ➤ 32 f.
**halb** mezzo

**Halle** sala, padiglione (m)
**hallo** (Tel) pronto; (Gruß) ciao
**halt!** alt!
**halten** tenere; (stehen bleiben) fermarsi; (dauern) durare
**Haltestelle** fermata >34
**Handy** il cellulare/telefonino >118 f.
**hart** duro
**hässlich** brutto
**häufig** (adv) spesso
**Haus** casa
**Hausbesitzer** il padrone di casa >74
**hausgemacht** fatto in casa
**Haushaltswaren** articoli casalinghi
**heilig** santo, solenne
**Heimat** patria
**heimlich** (adj) segreto, (adv) di nascosto
**Heimreise** ritorno in patria, rientro
**heiraten** sposare
**heiß** caldo
**heißen** chiamarsi, significare
**heiter** sereno
**Heizung** riscaldamento >70 f.
**helfen jdm ~** aiutare qlc
**hell** chiaro
**herein!** avanti!
**hereinkommen** entrare, venire dentro
**Herkunft** provenienza >14
**Herr** signore; (vor Namen) signor
**heute** oggi
**hier** qui
**Hilfe** aiuto
**Himmel** cielo
**hinlegen** mettere; **s. ~** sdraiarsi
**hinsetzen, s. ~** sedersi
**hinter** dietro
**Hobby** hobby (m)
**hoch** alto
**Hochzeit** (Feier) nozze (pl)
**hoffen** sperare
**höflich** cortese
**Höhe** altezza
**Höhepunkt** punto culminante
**Holz** legno; (Brenn~) legna
**Honorar** onorario
**hören** udire, sentire
**Hotel** hotel (m) >6 ff., 68 ff.
**hübsch** grazioso, bellino
**Hügel** collina
**Hund** cane (m)

**Hunger** fame (f)
**hungrig** affamato
**Hütte** capanna; (Alpenhütte) baita

**ich** io
**Idee** idea
**ihr** (Possessivpronomen, f) (il) suo, la sua
**Imbiss** spuntino
**immer** sempre
**imstande sein** essere capace di
**in** in
**inbegriffen** compreso
**informieren** informare
**Inhalt** contenuto
**innen** dentro
**Innenstadt** centro
**innerhalb** (zeitlich) entro
**Insekt** insetto
**Insel** isola
**interessieren, s. ~ (für)** interessarsi (di)
**international** internazionale
**Internet** internet
**Internetadresse** sito internet >8
**irren, s. ~** sbagliarsi
**Irrtum** errore (m)
**Italien** Italia
**Italiener/in** italiano/italiana

**Jahr** anno
**Jahreszeit** stagione (f) >18
**jeder** (adj) ogni; (Pronomen) ognuno
**jedesmal** ogni volta
**jemand** qualcuno
**jetzt** ora
**Jugendherberge** ostello per la gioventù
**jung** giovane
**Junge** ragazzo
**Junggeselle** scapolo

# WÖRTERBUCH

## K

**Kabine** cabina >33
**Kaffee** caffè (m) >46, 52 f., 64
**kalt** freddo
**Kanal** canale (m)
**Kapelle** (Gebäude) cappella >80; (Musikkapelle) banda (musicale)
**kaputt** rotto
**Käse** formaggi >43, 50, 64
**Kasse** cassa
**Katze** gatta, (Kater) gatto
**Kauf** compera
**kaufen** comprare
**kaum** appena
**Kaution** cauzione (f)
**kein** nessuno
**keine(r, s)** alcuno, nessuno
**Kellner/in** il cameriere / la cameriera
**kennen** conoscere
**kennen lernen, jdn** conoscere qd, fare la conoscenza di qd >10 ff.
**Keramik** ceramica
**Kind** bambino
**Kino** il cinema >83
**Kirche** chiesa >80
**Kissen** cuscino
**Kleidung** abbigliamento >62 f.
**klein** piccolo; (Statur) basso
**Kleingeld** gli spiccioli, moneta >112
**Klima** clima (m)
**Klingel** campanello
**klingeln** suonare
**klug** intelligente
**Kneipe** osteria, trattoria >39, 82
**knipsen** (Photo) fotografare
**kochen** cucinare; (Kaffee, Tee) fare; (Wasser) bollire
**Koffer** valigia
**Kohle** carbone (m)
**kommen** venire
**Kompass** bussola
**Komplimente** complimenti >13 f.
**Kondom** preservativo, profilattico
**Konfession** la confessione, la religione
**können** potere; (gelernt haben) sapere
**Konsulat** consolato
**Kontakt** contatto
**kontrollieren** controllare

**Konzert** concerto >83
**Körper** corpo >107 ff.
**kosten** costare
**krank** malato >106 ff.
**Krankenhaus** l'ospedale m >107 ff.
**Krankenwagen** autoambulanza
**Krankheit** malattia >106 ff.
**Kreditkarte** carta di credito >54, 112
**Krieg** guerra
**kritisieren** criticare
**Küche** cucina
**kühl** fresco
**Kultur** cultura >78 ff.
**Kummer** dolore (m), dispiacere (m)
**kümmern, s. ~ um** occuparsi di
**Kurs** corso; (Wechsel~) cambio >112
**Kurve** curva
**kurz** (räumlich) corto; (zeitlich) breve
**kürzlich** recentemente
**Kuss** bacio
**küssen** baciare
**Küste** costa

## L

**lachen** ridere
**Laden** negozio
**Lage** situazione (f); (eines Ortes) posizione (f)
**Land** paese (m); (Gegensatz zu Wasser) terra
**Landkarte** carta geografica >67
**Landschaft** paesaggio >81
**lang** lungo
**Länge** lunghezza
**langsam** (adj) lento; (adv) lentamente, piano
**langweilig** noioso
**Lärm** rumore (m), chiasso
**lassen** lasciare
**lästig** seccante
**Lastwagen** il camion
**laufen** correre
**laut** rumoroso
**Lautsprecher** altoparlante (m)
**Leben** vita; **leben** vivere
**leben** vivere
**Lebensmittel** alimentari (pl) >41 ff., 64 f.
**ledig** (Mann) celibe; (Frau) nubile >22
**leer** vuoto
**legen** mettere

leicht fácile; (Gewicht) leggero; (geringfügig) lieve
leider purtroppo
leihen prestare > 29, 77, 85
leise piano, a bassa voce
Leiter, der direttore (m)
Leiter, die scala
lesen leggere
letzte(r, s) ultimo/ultima
Leute gente (f)
Licht luce (f)
lieb caro
lieben amare
liebenswürdig caro, gentile, amabile
lieber (adv) piuttosto
Lied canzone (f)
liegen giacere
links a sinistra
Loch buco
Löffel cucchiaio
Lohn compenso, premio, retribuzione (f)
Lokal (Gaststätte) ristorante (m) > 36, 39; (Tanz~) discoteca > 82
löschen spegnere
Luft aria
Lüge bugia
lustig allegro; (erheiternd) divertente

### ■ M ■■■■■■■■■■■■■■■■■■■

machen fare; (herstellen) produrre
Mädchen ragazza
Mahlzeit pasto
Mal volta
man si
manchmal a volte
Mangel (Fehlen) mancanza; (Fehler) difetto
Mann uomo; (Ehe~) marito
männlich maschile
Markt mercato > 56, 81
Maschine macchina
Maße le misure
Medikament medicina, farmaco > 57, 60, 116
Meer mare (m)
mehr più
mein (il) mio
meinen pensare, ritenere, credere
meinerseits da parte mia

Meinung opinione
Mensch uomo
merken notare; s. etw. ~ tenere a mente qc
Messe (relig.) messa; (Ausstellung) mostra, fiera
Messer coltello
mich mi, me
Miete pigione (f), affitto > 74
mieten affittare
Mietwagen macchina a noleggio > 29
mindestens per lo meno
minus meno
Minute minuto
mir mi, a me
misstrauen, etw/jdm diffidare di qc, qlc/non fidarsi di qc, qlc
missverstehen fraintendere
mit con
mitbringen portare con sè
mitnehmen portare con sé, portarsi dietro
Mittag mezzogiorno
Mittagessen pranzo, il desinare > 36 ff.
Mitte mezzo, centro
mitteilen comunicare
Mittel mezzo; (Heil~) medicina > 57, 60
Mittelmeer Mediterraneo
Möbel mobile (m)
Mode moda > 62 f.
modern moderno
mögen (gern haben) piacere; (wünschen) volere
möglich possibile
Moment momento, istante (m)
Monat mese (m) > 18
Mond luna
Morgen mattino, mattina
morgens la mattina (presto)
Motor il motore > 24, 27
Motorrad motocicletta > 23 ff.
Mücke zanzara
müde stanco
Mühe sforzo
Müll immondizia
Münze moneta > 112
Museum museo > 79, 81
Musik musica
müssen dovere
Mutter madre (f)

## N

**nach** dopo
**Nachbar/in** vicino/vicina
**nachher** dopo, poi
**nachmittags** il pomeriggio
**Nachricht** notizia
**nachsehen** seguire con lo sguardo, verificare, controllare
**nächste** prossimo
**Nacht** notte (f)
**Nachtclub** il night-club >82
**nackt** nudo
**nahe** vicino
**Nähe** vicinanza
**Nahverkehr** trasporti pubblici >34 f.
**Name** nome (m) >11
**nass** bagnato; (durchnässt) inzuppato
**Nation** nazione (f)
**Natur** natura
**natürlich** (adj) naturale; (adv) naturalmente
**neben** vicino a
**Neffe** nipote (m)
**nehmen** prendere
**nennen** chiamare
**nervös** nervoso
**nett** simpatico; (freundlich) gentile
**neu** nuovo; (kürzlich) recente
**neugierig** curioso
**Neuigkeit** novità
**neulich** l'altro giorno
**nicht** non
**nicht einmal** neppure
**nicht wahr?** non è vero?
**Nichte** nipote (f)
**nichts** niente
**nie** mai
**nieder, niedrig** basso
**niemand** nessuno
**nirgends** in nessun luogo
**noch** ancora
**Norden** nord (m)
**normal** normale
**Notausgang** uscita d'emergenza >30
**Notbremse** freno d'emergenza >32
**nötig** necessario
**Notrufsäule** telefono d'emergenza >27
**Nummer** numero
**nur** solo, soltanto

## O

**ob** se
**oben** sopra, sù
**Ober** (Anrede) cameriere >38
**Obst** la frutta >42, 46, 51, 65
**oder** oppure
**Ofen** stufa
**offen** aperto
**öffentlich** pubblico
**öffnen** aprire
**Öffnungszeiten** orari d'apertura
**oft** spesso
**ohne** senza
**ohnmächtig** svenuto, senza conoscenza
**Öl** olio
**Onkel** zio
**Optiker** ottico >56, 65
**Organe, innere** interni organi >107 ff.
**Ort** luogo
**Ortschaft** località
**Osten** est (m)
**Österreich** Austria
**Österreicher/in** austriaco/austriaca
**Ozean** oceano

## P

**Paar, ein ~** un paio di; (Ehe~) coppia
**paar, ein ~** alcuni
**Päckchen** pacchetto
**packen** (Koffer) fare le valigie
**Paket** pacco >116
**Panne** guasto >24, 27
**Papiere** i documenti >27, 115
**Park** parco, giardino pubblico
**parken** parcheggiare >23
**Pass** passaporto; (Gebirge) passo
**Passagier** passeggero
**passieren** succedere
**Passkontrolle** controllo passaporti >22
**Pension** la pensione >8 f., 68 ff.
**Person** persona
**Personal** personale (m)
**Personalausweis** carta d'identità
**Personalien** generalità (pl)
**Pfand** pegno
**Pflanze** pianta

**Pflicht** dovere (m)
**Platz** piazza ➤ 81; (Sitz~) posto
**plötzlich** improvviso
**plus** più
**Politik** politica
**Polizei** polizia ➤ 114 ff.
**Portier** il portiere
**Postamt** ufficio postale ➤ 56, 116 f.
**Preis** (Geld) prezzo; (Sieges~, Gewinn) premio
**Priester** prete (m)
**pro** a, per
**Programm** programma (m) ➤ 83
**Promille** per mille
**Prozent** percento
**prüfen** controllare
**pünktlich** (adj) puntuale, (adv) puntualmente
**putzen** pulire

### Q

**Qualität** qualità
**Qualle** medusa
**Quelle** sorgente (f), fonte (f)
**quittieren** dare la ricevuta

### R

**Rabatt** sconto
**Rad fahren** andare in bicicletta ➤ 23 ff., 87
**Radio** radio (f); (~apparat) apparecchio radio
**Rampe** rampa
**Rand** orlo
**rasch** (adj) svelto, rapido; (adv) rapidamente
**Rasen** prato
**Raststätte** la stazione di servizio, posto di ristoro
**raten** consigliare; (erraten) indovinare
**Rathaus** municipio ➤ 81
**rauchen** fumare
**Raucher** fumatore
**rechnen** calcolare; (zusammen~) sommare
**Rechnung** conto
**Rechnungsbetrag** importo
**Recht** diritto
**Recht haben** aver ragione
**rechts** a destra
**rechtzeitig** (adv) a tempo, in tempo

**reden** discorrere, parlare
**regeln** regolare
**Regierung** governo
**regnen** piovere
**reich** ricco
**Reihe** fila
**reinigen** pulire
**Reise** viaggio
**Reisebüro** agenzia di viaggi
**Reiseführer** guida (m) ➤ 67
**reisen** viaggiare
**Reisepass** passaporto ➤ 22, 115
**Reiseroute** itinerario
**Reisescheck** assegno turistico, il traveller's chèque ➤ 111 f.
**reklamieren** reclamare ➤ 38, 70
**Reparatur** riparazione (f)
**Reparaturwerkstatt** officina ➤ 24
**Reservierung** la prenotazione
**Rest** resto; (Stoff~) scampolo
**Restaurant** ristorante (m) ➤ 36 ff.
**retten** salvare
**Rettungsboot** scialuppa di salvataggio ➤ 33
**Rezeption** l'accettazione f, la reception ➤ 69 f.
**richtig** giusto; (geeignet) adatto
**richtigstellen** rettificare, mettere a posto
**Richtung** direzione (f)
**Risiko** rischio
**Rollstuhl** carrozzella, sedia a rotelle
**rot** rosso
**Route** itinerario
**Rückkehr** ritorno
**rufen** chiamare
**Ruhe** riposo; (seelisch) pace (f); (Stille) silenzio
**ruhig** tranquillo
**rund** rotondo

### S

**Saal** sala
**Sache** cosa; (Angelegenheit) faccenda
**sagen** dire
**Saison** stagione (f)
**sammeln** raccogliere
**satt** sazio, satollo
**Satz** frase (f)

**sauber** pulito
**schade, es ist ~** è un peccato
**schaden** nuọcere, danneggiạre
**Schaden** danno
**Schadenersatz** risarcimento dei danni
**schädlich** dannoso
**Schalter** (Bank, Post …) sportello ➤ 111 f., 117;
  (elektr. ~) interruttore (m)
**schauen** guardare
**Scheck** assegno ➤ 111 f.
**schenken** regalare
**Scherz** scherzo
**schicken** mandare
**Schiff** la nave ➤ 32 f.
**Schild** insegna, targa, segnale (m)
**schimpfen** imprecare, sgridare
**Schirm** ombrello
**schlafen** dormire
**schlank** snello
**schlecht** (adj) cattivo, (Wetter) brutto;
(adv) male
**schließen** chiụdere
**Schloss** castello ➤ 81; (Tür) serratura
**Schlüssel** la chiạve ➤ 70 f., 74
**Schmerzen** i dolori
**Schmuck** gioiẹllo ➤ 65 f.
**schmuggeln** fare contrabbando
**Schmutz** sporcịzia; (Schlamm) fango
**schmutzig** sporco
**schneiden** tagliạre
**schneien** nevicare
**schnell** (adj) rapido, veloce; (adv) presto,
  rapidamente, velocemente, in fretta
**Schnellimbiss** spuntino
**schon** già
**schön** bello
**schrecklich** terrịbile
**schreiben** scrịvere
**Schreibwaren** artịcoli di cartolerịa ➤ 67
**schreien** gridare
**Schrift** (Hand~) calligrafịa
**schriftlich** per iscritto
**schüchtern** intimidire
**Schuh** scarpa ➤ 66
**Schuld** colpa; (Geld) dẹbito
**schulden** dovẹre
**Schuss** colpo
**Schutz** protezịọne (f)
**schwach** dẹbole
**Schwager** cognato

**Schwägerin** cognata
**schwanger** incinta, grạvida
**schwarz** nero
**Schweigen** silẹnzio
**schweigen** tacere
**schweigend** silenziọso
**Schweiz** Svịzzera (f)
**Schweizer/in** svịzzero/a, elvẹtico/a
**schwer** pesante; (Krankheit) grave; (schwierig)
  diffịcile
**Schwester** sorella; (Kranken~) infermiẹra; (Or-
  dens~) suọra
**schwierig** diffịcile
**Schwimmbad** piscina
**schwimmen** nuotare ➤ 84 ff.
**Schwindel** (medizin.) le vertịgini
**schwitzen** sudare
**See** (Meer) mare (m)
**See, der ~** lago
**Seeigel** rịccio (di mare)
**sehen** vedere
**Sehenswürdigkeiten** le cose da vedersi ➤ 78 ff.
**sehr** molto
**sein** (Possessivpronomen) (il) suo, la sua
**seit** da
**Seite** parte (f), lato; (Buch) pạgina
**Sekunde** secondo
**Selbstbedienungsladen** il self-service
**selten** (adj) raro; (adv) raramente
**senden** inviạre, mandare
**Sendung** (Radio, Fernsehen) trasmissịọne (f)
**servieren** servire
**setzen** mẹttere; **s. ~** sedersi
**Sex** sesso
**sicher** (adj) sicuro; (adv) certamente
**Sicherheit** sicurezza; (Garantie) garanzịa
**Sicherheitsnadel** spillo di sicurezza
**Sicherung** sicurezza
**Sicht** vista
**sichtbar** visịbile
**sie** lei, (pl) loro; **Sie** Lei, (pl) voi, Loro
**singen** cantare
**sitzen** sedere
**Smalltalk** smalltalk ➤ 14 f.
**so** così
**sofort** sụbito
**sogar** pure, magari
**Sohn** fịglio
**sollen** dovere
**Sonne** sole (m)

**Sonnenbrille** occhiali da sole (pl)
**sonnig** soleggiato, assolato
**sorgen für** pensare a; **s. ~ um** preoccuparsi di
**Sorte** specie (f); (Zigaretten) marca
**Souvenirs** souvenir ➤ 66 f.
**Spaß** (Scherz) scherzo; (Vergnügen) divertimento
**spät** tardi
**später** più tardi
**spazieren gehen** passeggiare
**Speisekarte** il menù ➤ 38, 46 ff.
**spielen** (Spiel) giocare; (Instrument) suonare
**Spielzeug** giocattolo
**Sport** sport (m) ➤ 84 ff.
**Sportplatz** campo sportivo
**Sprache** lingua
**sprechen** parlare
**Staat** Stato (m)
**Staatsangehörigkeit** nazionalità
**Stadt** città
**Stadtplan** pianta della città ➤ 667, 78
**Stadtrundfahrt** giro della città ➤ 78, 81
**stammen** derivare, provenire, discendere
**statt** invece di
**stattfinden** aver luogo
**stechen** pungere
**stehen** stare (in piedi)
**stehen bleiben** fermarsi
**stehlen** rubare
**steigen** salire
**steil** ripido
**Stein** pietra
**Stelle** posto
**stellen** mettere
**Stellung** posizione (f); (Anstellung) impiego
**sterben** morire
**Stern** stella
**Stil** lo stile
**still** silenzioso
**Stimme** voce (f)
**Stockwerk** piano
**Stoff** stoffa
**stören** disturbare
**stornieren** annullare ➤ 29 f.
**Störung** disturbo; (Unterbrechung) l'interruzione (f)
**stoßen** spingere
**Strafe** pena; (Geld~) multa
**Strand** spiaggia ➤ 84 ff.

**Straße** via, strada; (Landstraße) strada provinciale
**Straßenkarte** carta automobilistica ➤ 28
**Strauß** (Blumen) mazzo
**Strecke** tratto; (Bahn~) linea
**Strom** (Fluss) fiume (m); (elektr. ~) corrente (f) (elettrica)
**Stück** pezzo
**studieren** studiare
**Stuhl** sedia
**Stunde** ora
**suchen** cercare
**Süden** sud (m)
**Summe** somma, importo
**Supermarkt** supermercato ➤ 56

## T

**Tabak** tabacco
**Tag** giorno
**Tankstelle** stazione di servizio ➤ 23, 28
**Tante** zia
**tanzen** ballare ➤ 82
**Tätigkeit** attività
**tauschen** cambiare
**täuschen, s. ~** sbagliarsi
**Taxi** tassì (m) ➤ 35
**Teil** parte (f)
**teilnehmen (an)** prendere parte (a)
**Telefon** telefono ➤ 117 f.
**telefonieren** telefonare ➤ 117 f.
**Temperatur** temperatura ➤ 19
**Termin** termine (m), data; (Frist) scadenza
**teuer** caro
**Theater** teatro ➤ 83
**tief** profondo; (niedrig) basso
**Tier** animale (m)
**Tisch** tavolo, tavola
**Tochter** figlia
**Tod** morte (f)
**Toilette** toilette (f), gabinetto ➤ 37, 70, 72, 119
**Ton** tono; (Betonung) accento; (Farbe) tono, tonalità
**Tonwaren** ceramiche (pl)
**Topf** (Koch~) pentola
**Töpferei** l'arte f di vasaio
**tot** morto
**tragen** portare; (er~) sopportare

# WÖRTERBUCH

**träumen** sognare
**traurig** triste
**treffen** incontrare; (an~) trovare
**Treppe** scala
**treu** fedele
**trinken** bere
**Trinkgeld** mancia ➤ 35, 40
**Trinkwasser** acqua potabile
**trotzdem** ciò nonostante, tuttavia
**tschüss** ciao
**tun** fare
**Tunnel** tunnel (m), galleria
**Tür** porta; (Haus~) portone (m)
**typisch** tipico, caratteristico

 **U**

**U-Bahn** metropolitana ➤ 34
**Übelkeit** nausea ➤ 110
**über** sopra, su
**überall** dappertutto
**überfallen** attaccare, aggredire
**überholen** sorpassare
**übernachten** pernottare ➤ 68 ff.
**überqueren** attraversare
**überrascht** sorpreso
**Übersee** oltremare (m)
**übersetzen** tradurre
**überweisen** (Geld) rimettere, inviare
**Ufer** sponda
**Uhr** (Armbanduhr) orologio da polso
**Uhrzeit** l'ora ➤ 16 f.
**um** (herum) intorno a; (Zeitangabe) alle
**umarmen** abbracciare
**umbuchen** cambiare il biglietto ➤ 30
**Umleitung** la deviazione
**umsonst** (gratis) gratis; (vergeblich) invano
**umsteigen** cambiare
**umtauschen** cambiare ➤ 111 f.
**Umwelt** ambiente (m)
**umziehen** cambiare casa; s. ~ cambiarsi
**unbedingt** (adv) assolutamente
**unbekannt** sconosciuto
**und** e
**und so weiter** e così via, eccetera
**Unfall** incidente (m) ➤ 25
**unfreundlich** sgarbato
**ungefähr** circa, quasi

**ungern** malvolentieri
**ungesund** dannoso, malsano
**ungewiss** incerto, dubbio
**Unglück** sfortuna, disgrazia
**unglücklich** infelice, sfortunato
**ungültig** invalido
**unhöflich** scortese
**Unkosten** spese (pl)
**unmöglich** impossibile
**unruhig** irrequieto, agitato
**uns** ci, (betont Akkusativ) noi, (Dativ) a noi
**unschuldig** innocente
**unser** (il) nostro
**unter** sotto; (zwischen) tra, fra
**unter anderem** fra l'altro
**unterbrechen** interrompere
**Unterführung** sottopassaggio
**Unterhaltung** (Gespräch) conversazione (f); (Vergnügen) divertimento ➤ 82 f.
**Unterkunft** alloggio
**Unterschied** differenza
**Unterschrift** firma ➤ 111 f.
**Untersuchung** l'esame m
**unterwegs** per la strada
**unverschämt** sfacciato
**unwohl** indisposto
**Urlaub** vacanza, ferie (pl)
**Ursache** causa
**urteilen** giudicare

**V**

**Vater** padre (m)
**Verabredung** appuntamento ➤ 15 f.
**verabschieden, s. ~** congedarsi, accomiatarsi
**verändern** cambiare
**Veranstaltung** manifestazione (f); (Aufführung) spettacolo
**Veranstaltungskalender** calendario delle manifestazioni ➤ 83
**verantwortlich** responsabile
**verbieten** proibire
**verbinden** legare; (Wunde) fasciare; (Telefon) mettere in comunicazione
**Verbindung** relazione (f), rapporto, contatto; (Telefon) comunicazione (f)
**verboten** vietato
**verbrennen** bruciare

**verdienen** guadagnare; (wert sein) meritare
**vereinbaren** accordarsi su
**Verfassung** costituzione (f); (Zustand) stato
**Vergangenheit** passato
**vergessen** dimenticare
**Vergewaltigung** violenza(carnale), stupro
> 116
**Vergiftung** avvelenamento > 110
**vergleichen** comparare, confrontare
**Vergnügen** piacere (m)
**verheiratet mit** sposato con
**Verhütungsmittel** anticoncezionale (m)
**verirren, s. ~** smarrirsi
**Verkauf** vendita
**Verkehr** traffico
**Verkehrsbüro** ente (m) per il turismo
**verlängern** allungare; (zeitlich) prolungare
**verlassen** lasciare, abbandonare
**verlieren** perdere > 113
**verloben, s. ~ mit** fidanzarsi con
**Verlobte, der/die** fidanzato/fidanzata
**Verlust** perdita
**vermieten** affittare > 74
**versäumen** (verpassen) perdere
**verschieben** (zeitlich) rimandare
**verschieden** diverso
**verschreiben** prescrivere > 106
**Versehen, aus ~** erroneamente, per sbaglio
**Versicherung** assicurazione (f)
**verspäten, s. ~** ritardare
**Versprechen** promessa; **versprechen** promettere
**verständigen, jdn ~** informare qlc; **s. ~** intendersi
**Verständigungsschwierigkeiten** difficoltà di comprensione
**verstehen** capire
**versuchen** tentare; (Speisen) assaggiare
**Vertrag** contratto
**verunglücken** avere un incidente/infortunio
**verwandt** imparentato
**verwechseln** scambiare
**Verzeichnis** elenco
**verzeihen** scusare, perdonare
**verzollen** sdoganare
**viel** molto
**vielleicht** forse
**Visum** visto > 22
**Volk** popolo

**voll** pieno; (ganz) tutto; (~besetzt) pieno, al completo
**Vollpension** pensione completa > 70, 72
**von** da, di
**vor** (räumlich) davanti a; (zeitlich) prima di
**vor allem** soprattutto, anzitutto
**Voranmeldung** preavviso
**vorbei** (örtlich) davanti; (zeitlich) passato
**vorher** prima
**vormittags** la mattina
**Vorname** il nome > 22
**Vorort, Vorstadt** sobborgo
**Vorsaison** bassa stagione f > 72
**Vorschrift** regolamento
**Vorsicht** precauzione (f)
**Vorsicht!** attenzione!
**Vorstellung** presentazione (f); (Theater) rappresentazione (f), spettacolo > 83 f.
**Vorverkauf** prevendita > 84
**Vorwahlnummer** prefisso > 117 f.
**vorziehen** preferire

## ■ W

**wach** sveglio
**wählen** scegliere; (Politik) votare; (Telefon) formare il numero
**wahr** vero
**wahrscheinlich** (adj) probabile; (adv) probabilmente
**Währung** valuta > 112
**Wald** bosco > 82
**Wanderkarte** mappa dei sentieri > 67, 88
**wandern** camminare > 88
**warm** caldo
**warnen (vor)** avvertire (di)
**warten** aspettare
**Wartesaal** sala d'aspetto
**Wartezimmer** sala d'aspetto
**was** cosa, che cosa
**was für ein/eine … ?** quale … ?
**waschen** lavare
**Wasser** acqua
**wechseln** (Geld) cambiare > 111
**Weg** via; (Pfad) sentiero; (Straße) strada
**weg** via
**wegen** a causa di, per
**weggehen** andar via

# WÖRTERBUCH

**Wegweiser** il segnavia
**wehtun** far male
**weiblich** femminile
**weich** morbido; (Ton, Farbe) tenue
**weigern, s. ~** rifiutarsi
**weil** perché
**weinen** piangere
**weiß** bianco
**weit** (Gegenteil von eng) largo, ampio; (Weg) lungo; (entfernt) lontano
**Welt** mondo
**wenig** poco
**wenig, ein ~ von ...** un po' di
**weniger** (di) meno
**wenn** (Bedingung) se; (zeitlich) quando
**Werkstatt** officina > 24, 28
**werktags** nei giorni feriali
**Wert** valore (m)
**wert, viel ~ sein** avere un grande valore
**Westen** Occidente (m)
**Wetter** tempo > 19
**wichtig** importante
**wie** (Frage) come?; (Vergleich) come
**wieder** di nuovo
**wiederholen** ripetere
**wiederkommen** ritornare
**wieder sehen** rivedere
**wiegen** pesare
**willkommen** benvenuto
**wir** noi
**Wirt** padrone (m), oste (m)
**Woche** settimana > 18
**wohnen** abitare
**Wohnort/-sitz** domicilio, residenza > 122
**Wohnung** appartamento
**wollen** (wünschen) volere
**wünschen** desiderare
**Wurst** salume > 44, 46
**wütend** arrabbiato, infuriato

**Zeitangaben** espressioni per indicare l'ora > 16 ff.
**Zeitschrift** rivista > 67
**Zeitung** giornale (m) > 67
**Zeitungskiosk** edicola (dei giornali)
**Zentrum** centro
**zerbrechlich** fragile
**zerstören** distruggere
**Zeuge** testimone (m)
**ziehen** tirare
**Ziel** scopo; (Reiseziel) meta
**Zigarette** sigaretta
**Zimmer** camera > 6 ff., 68 ff.
**Zoll** dogana > 22
**Zollamt** ufficio doganale
**Zollbeamter** il doganiere
**Zollgebühren** i diritti doganali
**zornig** in collera, arrabbiato
**zu** (Richtung Sachen) a; (Richtung Personen) da; (geschlossen) chiuso; (mit adj) troppo
**zufrieden** contento, soddisfatto
**Zug** treno > 31 f.
**zuhören** ascoltare
**zumachen** chiudere
**zurück** indietro
**zusammen** insieme
**zusätzlich** supplementare, in più
**zuschauen** guardare
**Zuschlag** supplemento > 32
**zuschließen** chiudere a chiave
**zuständig** competente
**zustimmen** aderire, acconsentire
**zu viel** troppo
**zweifeln, an etw.** dubitare di qc
**zwischen** tra, fra

## Z

**Zahl** numero
**zahlen** pagare
**Zahlung** pagamento
**Zahnarzt** dentista > 106
**zeigen** mostrare; (hinweisen) indicare
**Zeit** tempo > 16 ff.

# > BLOSS NICHT!

## So vermeiden Sie Fettnäpfe

### Je kälter, umso heißer

Puh, 32 Grad im Schatten, jetzt wäre ein einkaltes Wasser genau das Richtige. Also her mit der *caldo* Erfrischung! Doch Ihre Vorfreude bekommt leider gleich einen herben Dämpfer – mit einem Heißgetränk. Wenn Sie Ihre Körpertemperatur wirklich kühlen wollen, dann dringend eine *acqua fredda* bestellen. Bei *calda* wird Ihnen schlicht noch heißer ...

### Zimmer statt Kameras

Sollte Ihnen im Urlaub bedauerlicherweise Ihre Kamera kaputtgehen, fragen Sie nicht danach, wo Sie eine neue *camera* bekommen. Man wird Sie – zu Ihrem Erstaunen – zum nächsten Hotel schicken. Eventuell haben die auch noch *una camera* frei. Bloß – was fangen Sie mit noch einem Zimmer an?

### Ziemlich versalzen

Wenn Sie zu Ihren leckeren Spaghetti noch einen *salata* ordern, kann es passieren, dass alles ziemlich versalzen (eben *salata*) bei Ihnen ankommt, und Ihre Beschwerde wird auf wenig Verständnis stoßen. Sie vermeiden dieses Missverständnis, indem Sie ganz einfach einen *insalata* (Salat) bestellen.

### Höchst unappetitlich

Oft muss man sich an die Esssitten fremder Länder erst gewöhnen. Nicht jeder mag Hund, Schlange oder Heuschrecke. Italien scheint alles Exotische zu übertreffen. Bieten die italienischen Speisekarten wirklich *cozze* an? Lassen Sie sich nicht abschrecken! *Miesmuscheln* werden meist sehr gut zubereitet.

### Katzenschwanz?

In Italien gibt es unendlich viele Katzen jeglicher Rasse und Farbe. Katzenliebhaber werden begeistert sein. Nur zeigen Sie bitte kein Interesse an *cazzos*. Nicht jeder Italiener schätzt ein Gespräch über das männliche Glied (*cazzo* ist zu allem Unglück noch eine sehr vulgäre Bezeichnung). Dagegen können Sie sich völlig unbefangen über eine *gatto* unterhalten.

### Bist du aber dick geworden!

So etwas sagt man natürlich nicht. Nur, wenn Sie stolzen italienischen Eltern bekunden, dass deren Kinder *grossi* geworden sind, dann haben Sie gerade leider genau das getan. Sie zaubern jedoch ein Lächeln auf die Gesichter, indem Sie darüber staunen, wie groß die Kinder geworden sind: *"Come si sono fatti/e grandi!"*